O CENTRO DE ESTUDOS JUDICIÁRIOS E O LIMOEIRO

A Justiça, Domingos António de Sequeira,
desenho a carvão, esfuminho e giz,
Museu Nacional de Arte Antiga

CENTRO DE ESTUDOS JUDICIÁRIOS

O CENTRO DE ESTUDOS JUDICIÁRIOS E O LIMOEIRO

ALMEDINA

O CENTRO DE ESTUDOS JUDICIÁRIOS E O LIMOEIRO

AUTOR
Centro de Estudos Judiciários

COORDENADORES
António Carlos Duarte Fonseca
Helena Parada Coelho
Jorge Baptista Gonçalves
Paulo Dá Mesquita

FOTOGRAFIA
José L. Diniz

DESIGN GRÁFICO
FBA.

IMPRESSÃO E ACABAMENTO
Gráfica de Coimbra

EDIÇÃO
Centro de Estudos Judiciários / Almedina

DEPÓSITO LEGAL
258509/07

ISBN
978-972-40-3026-5

ÍNDICE

«BELO CLIMA (...). REPITO ENTÃO, BELO CLIMA. (...).
SABEMOS: NADA SE REPETE. TODAS AS POTENCIAIS
REPETIÇÕES ESPERAM AS METAMORFOSES À PROCURA
DE ABERTURAS».

JORGE LISTOPAD, NESTE LIVRO

PALAVRAS DE APRESENTAÇÃO

COMPLETARAM-SE, NO ANO DE 2005, VINTE E CINCO ANOS sobre o início de actividades do Centro de Estudos Judiciários, como Escola de formação de magistrados.

Na celebração que solenizou a efeméride, a 7 de Janeiro de 2005, a Direcção do Centro de Estudos Judiciários pediu a duas pessoas – Cunha Rodrigues e Laborinho Lúcio – que evocassem as origens da instituição. Ambos a comunidade reconhece pela magistratura e pela acção sócio--política. Ambos, de formas diferentes, estão ligados à criação do Centro de Estudos Judiciários e deram o seu esforço, a sua inteligência, a sua experiência para que ele seja hoje uma instituição de referência, enraizada na arquitectura judiciária portuguesa e respeitada no conspecto internacional.

O retrato de alguém corre sempre o risco de ser o que de fora se vê. Mas, se for verdade que «é a vida mesma que nos biografa», como diz Eduardo Lourenço, reconhece-se em Cunha Rodrigues o poder de olhar para a realidade como se a visse sempre pela primeira vez e que Laborinho Lúcio não desiste de fazer emergir do que toca uma utopia.

Os textos relativos à formação de magistrados que nos oferecem – situados no «tempo fundador» e «entre a perplexidade e a utopia» – ajudam--nos na tarefa impossível, segundo Borges, de distinguir o fio, entretecido pelas Arianas, que só a nós convém.

O carácter verdadeiramente pioneiro reconhecido à institucionalização da formação de magistrados em Portugal incentiva-nos a descobrir que há outras vitórias para além da da memória.

O renovado sentido da contemporaneidade volta a interpelar-nos e o perfil do magistrado redesenha-se.

CEJ: entrada da Sala Bocage, pormenor.
Fotografia de José L. Diniz

Mudou a realidade sociológica e mudou o direito.

Fala-se de «ruptura epocal» e de «choque antropológico» – que identificam uma sociedade global, do risco, caótica e de fluxos instantâneos na sua nova forma de organização. Fala-se de uma alteração de paradigma: estamos nos antípodas do optimismo das Luzes, em que o percurso de domínio do Mundo pelo Homem está comprometido por um percurso de conquista ilimitada. O Coro de Antígona devia hoje ser dito sob o signo da «inquietação», que o retorno dos mitos de Frankenstein ou do Aprendiz de Feiticeiro traduzem.

A globalização traz a marca de um direito pós-moderno, que se constrói em oposição (anti-moderno) ou no prolongamento (hiper-moderno) do direito dito moderno. A paisagem jurídica mudou. A «teoria dos modelos» apela à «catástrofe normativa» para exprimir a ruptura que representam interligações cada vez mais complexas e interactivas, a animar uma «futura estabilização de acordo com um outro modelo».

A expansão do direito e a preocupação ética que o impregna vão de par com a revalorização da decisão judiciária.

O pensamento filosófico contemporâneo não nos alerta só para que «o justo não é apenas o legal» (Ricoeur). Impele-nos a desvendar uma concepção de justiça «que excede o direito» e a confrontar-nos com a decisão judiciária como «um acto de reinstituição da interpretação» (Derrida).

É neste fio de horizonte que ressurge a autonomia e a independência do judiciário.

Só um certo *modus* de aproximação à *prática*, que não se centra exclusivamente nos aspectos do caso com relevância jurídica ou, dito de outra forma, que não menospreza os aspectos da vida que também estão presentes no caso, é que permite obter decisões que, para além de justas, de acordo com o clássico código binário justo/ injusto, sejam também adequadas e aceites pela comunidade.

Quando as sociedades contemporâneas se fragmentam e se tornam multiculturais, complexas e excludentes, o magistrado tem de ter «as botas sujas de realidade» (Vieira de Andrade). Só a interdisciplinaridade exigida por esta *abertura à realidade* permite uma experiência de alteridade, ganhos de inteligibilidade, em suma, a densificação e a sofisticação na aplicação do direito.

De outra perspectiva, ainda, começa a existir uma consciência desmistificadora dos protagonistas da administração da justiça e dos roles que desempenham e o tribunal já não se apresenta como mediação salvífica, mas como instrumento de eficácia social. O seu «trovejar oculto atrás das nuvens» (Schreiber) perde cada vez mais impacto junto dos cidadãos e o processo ganha um carácter mais dialéctico e comunicacional.

Este conjunto de ideias irradia em várias direcções e importa que esteja presente na administração da justiça.

Falo de uma administração da justiça exercida sob a arbitragem dos media e de uma sociedade civil cada vez mais interventiva e atenta, a que se exige produtividade e eficácia. Porque hoje não se duvida que a qualidade de funcionamento do sistema judiciário é um elemento do desenvolvimento económico, numa intersecção revelada por análises económicas da justiça.

Falo de uma administração da justiça que tem de responder comunitariamente pela consideração em que tem os interesses, expectativas e necessidades dos cidadãos e pelo resultado do seu desempenho. O que é hoje uma exigência democrática.

E falo de uma administração da justiça que tenha sempre por *trasfondo* que é exercida pelo Homem e para o Homem. Isto é: sob o pano de fundo dos valores do Estado de Direito e no respeito pelos direitos, liberdades e garantias dos cidadãos constitucionalmente consagrados.

A trama judiciária tece-se com estes fios.

A criação do CEJ significou um tournant no ser e no modo dos magistrados portugueses. A riqueza do caminho feito é inseparável do nosso percurso democrático.

Hoje é o tempo para reatar a reflexão, crítica e exigente, e retomar a obra iniciada.

Uma certeza nos une no objectivo da institucionalização de uma formação não endogâmica e cada vez mais comunitariamente responsável: ela supõe uma formação de excelência e uma actualização permanente, capaz de responder aos desafios renovados ao exercício das magistraturas, interpeladas na reinterpretação dos seus deveres éticos e deontológicos.

O CEJ é uma instituição de referência. Além de necessária, insubstituível, destinada a persistir. Porque destinada a lançar raízes e a abrir opções, naquela *equação* entre raízes e opções que assenta na *astúcia* de o passado ser «tão - só uma maneira de construir o futuro» (Boaventura de Sousa Santos).

Deslocamos a história do arco do tempo para a arquitectura do espaço.

Aqui é o lugar de que neste Livro se escreve a história – conduzem--nos até ao «edifício amarelo e sombrio», onde se instalou o CEJ, Cristina Marinho, Helena Pinto Janeiro, Jorge Baptista Gonçalves, Ofélia Paiva Monteiro e Vanda Anastácio.

Saúdo os coordenadores da edição: o director-adjunto, António Carlos Duarte Fonseca, o Juiz de Direito e docente, Jorge Baptista Gonçalves, o antigo docente e Procurador da República, Paulo Dá Mesquita, a assessora principal do Gabinete de Estudos Jurídico-Sociais, Helena Parada Coelho.

À Almedina é devido um agradecimento por ter aceite ser co-editora deste projecto.

A todos, o meu obrigada.

Agora, o Livro precisa de silêncio.

Anabela Miranda Rodrigues
Directora do Centro de Estudos Judiciários

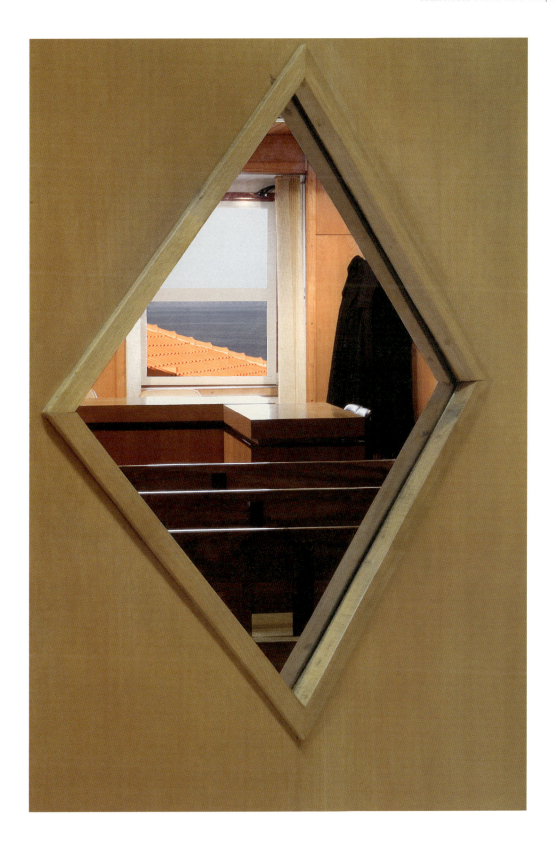

CEJ: porta da sala de audiências.
Fotografia de José L. Diniz

MEMÓRIA METAMÓRFICA
DE UM CASARÃO AMARELO

Com a instalação do Centro de Estudos Judiciários no *edifício amarelo e sombrio*[1], onde até há bem pouco tempo funcionara duradouramente um dos mais antigos estabelecimentos prisionais de Lisboa, o local adquiria uma funcionalidade inteiramente nova, tão nova como era, em Portugal, a concretização ali, doravante, de uma dimensão institucional na formação de magistrados. Nova, também, porque diferente das muitas que marcaram o desenrolar atribulado da multissecular meada dos seus dias: desde palácio (e paço), real e de justiça, e casa da moeda[2], até ser cadeia de muitas prisões.

Quando já são passados vinte e cinco anos de actividade do Centro de Estudos Judiciários e, por esse facto, nasceu a ideia da feitura deste livro, entendeu-se, desde logo, que dele havia de fazer parte a contextualização do *lugar altamente histórico*[3] que foi o do Limoeiro e é hoje o do CEJ. A diversidade de mutações que este local sofreu já constituiria justificativo bastante desse exercício, tal é o fascínio que essas metamorfoses, pela diversidade de fenómenos sociais e políticos que lhes são inerentes, se revelam susceptíveis de despertar, só por si. Mas, mais do que isso, sobreleva o facto de, numa visão diacrónica, por mais do que uma vez, haver sólidas razões para este lugar fazer parte da história das instituições judiciárias portuguesas.

A parte que neste livro se dedica ao local em que o CEJ está instalado, desde a sua fundação, corresponde, assim, ao objectivo de espoletar um futuro tratamento monográfico adequado ao nível da sua importância histórico-cultural, e entronca nas tentativas já realizadas por magistrados, docentes do CEJ – de que é exemplo mais recente, o juiz de direito Jorge Manuel Baptista Gonçalves, co-organizador deste volume e autor de um dos estudos

CEJ: pormenor da porta gradeada
do auditório. Fotografia de José L. Diniz

que o integram, assumindo contributo duplamente relevante – no sentido de tornar menos fragmentário e disperso o pouco que sobre este lugar se conhece, por enquanto.

Esta é, porventura, a mais ampla e aprofundada de entre as tentativas realizadas neste sentido e, para o efeito, importava contextualizar, numa perspectiva diacrónica, o lugar e o respectivo conjunto edificado, na malha urbana, sendo de presumir, naturalmente, o impacto daquele nesta, bem como os recíprocos condicionamentos, tendo em conta a volumetria e imponência do conjunto, em correspondência com o nível e importância da respectiva afectação. É nestes aspectos que se centra o – tão valioso, quanto amável – contributo da historiadora Helena Pinto Janeiro para a realização deste livro.

Há nomes que canibalizam, que devoram sem deixar rasto outros nomes como os buracos negros fazem a qualquer réstia de luz: o Limoeiro tem ainda, em várias gerações, um peso muito considerável na memória colectiva. De todas as funcionalidades a que foi sendo destinado o lugar que é hoje o centro da formação dos magistrados portugueses, foi, sem qualquer dúvida, a afectação carceral a mais duradoura e prolongada no tempo e, também por isso – mas não apenas por isso – a de maior impacto social. Essa a razão pela qual o significante se tornou referente de um novo significado, já não apenas da espécie arbórea, mas também da prisão, na acepção mais ampla: da pena, como sanção, mortificadora do corpo e da alma, ao lugar degradante e degradado da sua expiação, a masmorra, o cárcere, a enxovia. Os exemplos são inúmeros nas letras portuguesas: desde a ficção até à crítica social e política.

É no Limoeiro que Camilo Castelo Branco coloca detido o seu personagem Luís da Cunha, de *A neta do Arcediago*, antes de aquele ter de comparecer por deserção perante conselho de guerra[4], bem como, a título de mera correcção paterna, o António de Queirós e Menezes, de *Maria Moisés*[5], uma evocação da longa sobrevivência, entre nós, das *lettres de cachet* do Ancien Régime. E é também aí que Andrade Corvo «prende» Francisco d'Albuquerque, personagem do seu romance *Um ano na Corte*, acusado do homicídio de um criado francês da rainha de Portugal[6].

Na poesia, por exemplo, com Tolentino, em «No dia em que chegou a Nau dos Quintos»[7]:

> *Se a larga popa trazes alastrada*
> *C'os prenhes cofres de metal luzente,*
> *Que importa, ó alta nau, se juntamente*
> *Vens de pranto, e penhoras carregada?*
>
> *Para ver tanta cara envergonhada,*
> *E pôr no Limoeiro tanta gente,*
> *Para isto sulcaste a gran corrente*
> *Dos ventos, e das ondas respeitada?*

Ou mesmo até na *Agostinheida*[8]:

> *E o filial desprezo amargurava*
> *A miseranda Angélica: tão fundas*
> *Lança o materno-Amor suas raízes,*
> *Que, de tantas angustias opprimida,*
> *Inda mais magôa o ver seu Filho*
> *Avezado ás nocturnas emboscadas*
> *Que dão tanto habitante ao Limoeiro;*

E se Eça de Queiroz[9] entende que já não haver *no velho Limoeiro um quarto para um preso* seria a definitiva prova da impotência da Justiça face ao criminoso, para Luís Francisco da Veiga, a dissolução da Assembleia Constituinte Brasileira pela força das armas, bem como a prisão e deportação de alguns dos seus membros, a mando de D. Pedro (duramente apodado de *prepotente capitão de esbirros*), representou-se como se o próprio Brasil, qual criminoso, tivesse sido levado para as enxovias do Limoeiro[10].

Guerra Junqueiro é ainda mais contundente no seu recurso à carga simbólica do nome da velha cadeia para criticar a política nacional: *Uma burguesia, cívica e politicamente corrupta até à medula, não descriminando já o bem do mal, sem palavras, sem vergonha, sem carácter, havendo homens que, honrados na vida íntima, descambam na vida pública em pantomineiros e sevandijas, capazes de toda a veniaga e toda a infâmia, da mentira à falsificação, da violência ao roubo, donde provém que na política portuguesa sucedam, entre indiferença geral, escândalos monstruosos, absolutamente inverosímeis no Limoeiro...*[11].

Entre os testemunhos – que atravessam séculos – quanto a factores que concorreram para conferir ao Limoeiro uma aura temível e quase mítica, avultam os que o representam como instrumento de opressão e arbitrariedade no exercício do poder. Assim, sobretudo, nos tempos de Carvalho e Melo e de Pina Manique.

Esta perspectiva é desenvolvida neste livro, a par de outras que com ela se entrecruzam, nos estudos sobre três presos do Limoeiro, de fases distintas da história nacional, cuja justa celebridade radica no seu relevo nas letras portuguesas: Pedro António Correia Garção, Manuel Maria de Barbosa du Bocage e João Baptista Leitão de Almeida Garrett. Estes estudos constituem o distinto e importante contributo para este livro da investigadora Vanda Anastácio e das professoras Cristina Marinho e Ofélia Paiva Monteiro, respectivamente.

Mas podem evocar-se alguns outros exemplos ainda:

Em 1753, Carvalho e Melo mandou encarcerar no Limoeiro, sem qualquer forma de processo, todos os comerciantes pertencentes à Mesa do Bem Comum que haviam apresentado uma petição contra o privilégio exclusivo do comércio do Grão Pará e do Maranhão conferido a uma companhia, bem como o advogado João Tomás de Negreiros, redactor dessa petição[12].

Robert South refere a detenção arbitrária de 48 pessoas das mais variadas classes e profissões, trinta e oito das quais foram encarceradas no Limoeiro, em 1810, durante a regência do Príncipe D. João, alastrando os rumores de que tinha sido descoberta uma grande conspiração cujo fim seria o de, massacrando os ingleses, entregar o país à França. Embora tal fosse infundado, os detidos foram expulsos do Reino por a polícia considerar que a sua residência em Portugal podia ser prejudicial para a segurança pública[13].

Em *A Narrative of the persecution of Hipppolyto Joseph da Costa Pereira Furtado de Mendonça* conta-se que qualquer preso que fosse apresentado no Limoeiro por ordem do Intendente Pina Manique devia ser colocado em isolamento, salvo se o contrário fosse exarado expressamente na ordem de prisão. Por esta razão, um indivíduo conhecido pelo nome de Romeiro (possivelmente, uma alcunha), permaneceu no segredo durante dois anos, sem ser ouvido nem ter sido alvo de qualquer processo. Sendo português de nascimento e encontrando-se no estrangeiro quando foi declarada a guerra entre Portugal e França, Romeiro decidiu colocar a sua experiência naval ao serviço de seu país de origem e regressar a Portugal. Os salvo-condutos franceses que lhe permitiram atravessar as fronteiras francesa e espanhola despertaram desconfiança ao comando das fronteiras portuguesas que ordenou a sua detenção e a comparência perante um magistrado do Porto, o qual, considerando que se tratava de um problema de passaporte, mandou entregar Romeiro ao Intendente Manique. Este assinou a ordem de prisão que esteve na origem daquele isolamento prolongado e incompreensível para um homem que pretendera apenas colocar-se ao serviço do Reino. Valeu-lhe, por fim, a piedade dos carcereiros que, sensíveis às súplicas do prisioneiro, pediram ao alcaide de Almada, amigo íntimo do Intendente e tido como seu espião, que interviesse a favor do detido. No dia seguinte, o alcaide trouxe a ordem de libertação, desculpando o Intendente com a alegação de que este desconhecia que o preso estava no isolamento[14].

São – consequentemente – inúmeros os relatos e testemunhos que sustentam a advertência de Francisco de Melo e Noronha: *Ninguém está livre de ser encarcerado, ainda até innocentemente*[15].

Foi à meia-noite de 28 de Abril de 1643 que Francisco de Lucena saiu do Limoeiro, onde estava encarcerado, para ser levado para umas casas junto ao pelourinho da Ribeira, onde permaneceu as poucas horas decorridas até iniciar a marcha lenta a que as suas condições físicas, aos setenta anos, o obrigavam, até chegar ao local em que foi decapitado pelo crime de lesa-majestade. Francisco de Lucena nasceu em Vila Viçosa e serviu a Casa de Bragança no tempo do 7.º duque, Teodósio III. Exerceu durante

36 anos o cargo de Secretário de Estado do Conselho de Portugal, em Madrid, para o qual foi nomeado devido às influências movidas por seu tio paterno Fernão de Matos Lucena que pertencia ao referido Conselho. Quando se deu a revolução de 1640 estava em Lisboa como secretário dos Mercês e apesar de ser fidalgo da Casa Real de Filipe III, foi nomeado Secretário de Estado interino pelos revolucionários governadores provisórios, tendo sido confirmado no cargo por D. João IV. Só exerceu este cargo dois anos porque foram apresentadas contra si, nas Cortes, acusações de alta traição à Pátria e o rei, alegadamente sem curar de mandar apurar da veracidade dos factos, mandou-o prender no Forte de São Julião da Barra. Foi daí transferido para o Limoeiro, por ordem de Jorge de Melo, general das galés, juntamente com o irmão, Cristóvão de Matos Lucena, tido por cúmplice. Foi expulso da Ordem de Cristo e, em seguida, condenado à morte por degolação pelo Tribunal da Relação do Desembargo do Paço, em 21 de Abril de 1643. A execução de Francisco de Lucena – que afirmou sempre a sua inocência[16] – é para alguns *uma nódoa indelével no reinado de D. João IV*[17].

Idêntico fim teve Tomás Luís Osório, Coronel do Rio-Grande, que foi denunciado a Carvalho e Melo, Conde de Oeiras, por proteger um jesuíta secularizado. O Ministro mandou-o prender em Minas Gerais e conduzir a Lisboa onde foi encarcerado no Limoeiro. Foi enforcado na Cruz dos Quatro Caminhos, sem lhe ser admitido que realizasse a sua própria defesa pessoal. Carvalho e Melo ordenou que fossem rejeitados os *embargos e supplicas* que interpôs. Dois meses depois foi demonstrada a sua inocência, que o Conde de Oeiras mandou divulgar por edital, reconhecendo a condenação sem culpa, *para benefício* dos descendentes do supliciado[18]. Melhor sorte viria a ter (apesar de tudo, já que, tendo estado ligado ao comércio diamantífero, morreu na miséria) o contratador Felisberto Caldeira Brant que, depois de preso no Tejuco (Minas Gerais), em 31 de Agosto de 1753, foi encarcerado no Limoeiro do qual o terramoto de 1 de Novembro de 1755 o viria libertar. O facto de se ter apresentado em seguida ao Marquês de Pombal ter-lhe-á merecido, embora sem proveito, a admiração deste pelo acto de lealdade[19].

Outro condenado à morte que proclamou a sua inocência foi António Maria Saias – ou, simplesmente, o Saias – que foi cozinheiro da enfermaria do Limoeiro, onde esteve preso, tendo sido condenado à morte pelo homicídio do padre José Saquette, em Campo Maior.[20] O apelido--alcunha deveu-se às saias compridas que usou desde criança até à idade adulta. O Saias nasceu na Madeira em 1832 e, por ser filho de um soldado de infantaria, veio viver para Lisboa e depois para Elvas e Campo Maior. Nasceu com particularidades que lhe conferiam uma sexualidade duvidosa (hermafroditismo?) e que só na adolescência levaram a que fosse identificado como pertencente ao género masculino. Esta anormalidade despertava a curiosidade pública. A própria Rainha não terá ficado indiferente, tendo querido examiná-lo no Paço, na sequência de o ter visto em criança, julgado que era uma menina e ter sido informada de que *não se sabia ao certo o que era*.

Brito Aranha alude ao ambiente de medo que, por volta de 1850, se vivia em Lisboa, devido ao *regime cabralino de espionagem e terror*, podendo esperar-se a todo o momento entrar para o Limoeiro, onde haveria muitos presos políticos *por denúncias malévolas*.[21] Uma das muitas vítimas foi Manuel José Mendes Leite, falsamente acusado de participar na *conspiração das Hidras*. Mendes Leite, governador civil e deputado pelo círculo de Aveiro, fundou o célebre jornal *Revolução de Setembro*, com José Estêvão e Rodrigues Sampaio[22].

Para muitos dos inocentes ou culpados, forçados a habitá-lo, o Limoeiro constituía um local de sofrimento e, como tal, de expiação, representado como o verdadeiro purgatório, se não mesmo como antecâmara do inferno. Assim o vê simbolicamente Gil Vicente, em *Auto da Barca do Inferno*, onde o Diabo pergunta se Garcia Moniz falou no purgatório e o Enforcado lhe responde que aquele dissera ter sido o Limoeiro[23].

De facto, a cadeia tinha regras severas, cruéis, que impunham à maioria condições de vida particularmente duras, o que não impedia que a disciplina interna fosse mal vista[24]. Era uma cadeia de miséria. No seu contributo para *As Farpas*, Eça de Queiroz[25] alude aos andrajos *em farrapos* de muitos dos presos que foram vistos sair do Limoeiro para embarcar para o degredo, apresentando-se mesmo *um ou dois quase nus*. Ernesto de Campos e Andrada, encarregado de polícia do porto de Lisboa, terá testemunhado o pedido que um preso foi fazer ao director do Limoeiro para mudar de camisa e que o director recusou, apesar de o requerente estar *coberto de parasitas* e vestir uma camisa *reduzida a um farrapo*[26].

Apesar disso, a velha cadeia constituía também um refúgio para os (ainda) mais miseráveis. Francisco de Melo e Noronha referiu ser *frequente ouvir dizer aos réus nos tribunais que no Limoeiro também se come pão e centos de vezes aventureiros miseráveis irem ás estações de polícia pedir aos guardas que os prendam*[27]. Mesmo assim, certo é que Kinsey escreveu no *Portugal Illustrated*[28] que a comida dos presos do Limoeiro era má e insuficiente, consistindo principalmente num caldo ou numa sopa rala de legumes com arroz, e ainda, exemplificando, que a cada quatro presos eram dados 700 gr. de pão, diariamente.

No entanto, vinha do Limoeiro a comida que era dada às crianças internadas na Casa de Detenção e Correcção de Lisboa, a funcionar desde 1872, no Convento das Religiosas de Santo Agostinho Descalças, também conhecido por Convento das Mónicas, e que constituiu a primeira concretização da tentativa, em Portugal, de separação das crianças dos adultos, nas prisões[29]. Quando, pouco tempo decorrido, Ramalho Ortigão visitou este estabelecimento, criticou veementemente o facto de o rancho destinado aos rapazes internados ser fornecido pela cozinha do Limoeiro, referindo-se-lhe como o *menu da enxovia* – ao almoço, arroz e feijões, ao jantar feijões e arroz, sem nunca incluir carne – para, depois, concluir, indignado com o tratamento dispensado a crianças: *se é mau na cadeia, imagine-se o que poderá ser na casa de correcção*[30].

Mas sabe-se que, à semelhança do que acontecia em outras cadeias, os presos tinham um tratamento desigual, em função das suas disponibilidades económicas, designadamente no que se refere à qualidade das refeições. Por exemplo, Martins de Carvalho refere, reportando-se a 1847, que, no Pátio do Carrasco, em frente ao Limoeiro, residia uma mulher chamada Teodora, natural de Góis, que ia diariamente ao Limoeiro confeccionar as refeições para o lente de Medicina Francisco Fernandes Costa e para outros presos abastados[31].

A cadeia separava nas suas distintas prisões e enxovias os representantes das diversas classes e estratos sociais que acolhia[32], dando sustentação inusitada ao aforismo de Forjaz de Sampaio quanto à ambição *tanto ter como destino o baronato como o Limoeiro*[33]. E neste também chegaram a estar presos representantes do poder judicial. Mendes dos Remédios[34] alude ao episódio, raiando um burlesco quase de opereta, que levou à prisão no Limoeiro de José da Cunha Brochado quando este era juiz do Cível. Conta que, em plena audiência, o magistrado se sentiu desrespeitado pelo suplicado, de nome Bento Marques, e que, tendo-o repreendido vivamente, sem o efeito desejado, mandou chamar um oficial de justiça para o prender. Mostrando Bento Marques querer escapar à intervenção do oficial, foi o próprio magistrado que o agarrou por um ombro e pela cabeleira que logo lhe ficou na mão. Bento Marques queixou-se e daí a prisão do magistrado no Limoeiro[35].

Esta separação por estratos sociais permaneceu até muito tarde. Reportando-se a meados do século XX, Luiz Pacheco, com a sua ironia, no mínimo, peculiar, refere a divisão dos presos por espaços distintos (a *Sala dos Menores*, a *Sala dos Primários* e a *Sala dos Bacanos, os que tinham conhecimentos fora da prisão...*)[36].

A dureza das condições de vida no Limoeiro, para a maioria dos presos, transformaram-no desde sempre num local de morte, como simbolicamente se evoca na 11.ª e última das quadras do poema «Sidéria»[37]:

Nesta paixão venereamente intensa,
Meu flavo coração é um prisioneiro...
Abre-lhe a cella da ventura immensa!
Não o deixes morrer no Limoeiro!

Muitas vezes a morte sobrevinha violenta, tornando, assim, desnecessário o julgamento e o patíbulo. Além de Correia Garção, com um fim tão misterioso quanto o motivo da própria prisão, também morreu no Limoeiro Francisco Caldeira de Castelo-Branco que tinha sido mandado, no início de 1616, estabelecer a primeira fortificação e povoação luso-brasileira no Grão-Pará e que, por isso, veio a fundar o Forte do Presépio e de Nossa Senhora de Belém. Como primeiro capitão-mor da Nova Capitania Real, que se pretendeu chamar da Feliz Lusitânia, acabou por der deposto e preso pelos moradores, em 1618, devido às suas arbitrárias atitudes, e foi mandado para Lisboa, para ser encarcerado no Limoeiro[38]. Bernardo Vieira de Mello, a quem chegou a ser erroneamente atribuído o primeiro grito pela independência republicana na América, morreu asfixiado, acidentalmente, no Limoeiro, onde aguardava julgamento por ter sido pronunciado como um dos *chefes do terceiro levante* no Brasil[39].

Até mesmo um dos carrascos do Limoeiro, de apelido Ferro, perdeu aí a vida quando se preparava para exercer as suas funções. João dos Reis, soldado desertor, juiz de uma das enxovias, condenado à morte pela prática de diversos homicídios, quando em certo dia se apercebeu que ia ser levado pelo carrasco para o oratório da prisão, prenúncio de que a pena ia ser executada, apunhalou-o, dizendo-lhe que queria saber *se o aço entrava no ferro*. Este apontamento foi deixado por William Young, um preso político inglês, à ordem dos *miguelistas*, primeiro em Leiria e depois em Lisboa, no Castelo de São Jorge, onde veio a conhecer de perto João dos Reis, cujos relatos o levaram a pensar e a escrever que este, a despeito dos muitos crimes cometidos, era melhor tratado no Limoeiro do que os oficiais generais presos naquele Castelo, rematando, com ironia: *eis a justiça e equidade do pio e excelente príncipe Dom Miguel*[40].

Como prisão para condenados à pena capital, o Limoeiro constituiu um viveiro de carrascos, uma vez que estes eram recrutados entre estes sentenciados, pelo preço da conservação da vida. Em *Sketches of Portuguese Life* conta-se que um condenado por doze homicídios se propôs assumir, quando deu entrada no Limoeiro, o cargo de carrasco, em remissão da pena de morte pela forca a que fora condenado. O pedido não foi aceite, mas a execução foi sendo adiada, e o condenado acabou por ficar treze anos no Limoeiro. A inexecução da sentença revelou-se quando o condenado praticou outro crime de homicídio na pessoa de outro preso. Foi-lhe então proposto que assumisse o cargo de carrasco, em troca da vida, mas, desta vez, o condenado preferiu a forca, depois de tão longo período de cárcere. Apesar da necessidade de preencher a vaga de carrasco, a sua preferência foi respeitada[41].

Além de lugar para a mortificação dos corpos, o Limoeiro funcionou também como purgatório para a alma. História antiga, a este título, é a de Ana Rodrigues, jovem de 23 anos, casada com o soldado António Coelho, acusada pela Inquisição de judaísmo, por observar o Sabbath e não comer carne de porco, muito embora manifestasse, com grande devoção, crer em tudo o que a Igreja Católica ensinava aos seus seguidores. Foi condenada a ser deportada para o Brasil durante 3 anos. A entrada no Limoeiro seguiu-se ao auto-da-fé. Só muito depois, durante a Quaresma de 1655, os Inquisidores atenderam finalmente às suas súplicas, permitindo-lhe a confissão e a sagrada comunhão[42].

Mas a cadeia terá sido palco de impressionantes conversões, derradeiro bálsamo antes do suplício, a avaliar pelo pictórico relato de Frei Cláudio da Conceição sobre a cerimónia solene do Baptismo, no Oratório da Enfermaria do Limoeiro, de Manuel Inocêncio Araújo Mansilha, de 23 anos, um dos nove estudantes da Universidade de Coimbra, que ali estavam detidos, aguardando execução, por serem autores do atentado, cometido em 18 de Março de 1828, a uma légua de Condeixa, contra os deputados que aquela cidade tinha mandatado para o beija-mão ao Infante D. Miguel pelo seu regresso a à Pátria. Na cerimónia oficiou Mariano António José de Macedo, Mestre de Cerimónias da Igreja Patriarcal, assistindo, além do cronista, os outros oito condenados e os respectivos confessores, diversos Irmãos do Santíssimo – com as suas capas rubras e empunhando tochas acesas – e muitos outros religiosos e clérigos[43]. O recem-baptizado foi o primeiro a ser enforcado e conseguiu subir pelo seu próprio pé ao patíbulo, apesar de ter que ter sido transportado por galegos numa cadeira de braços, desde o Limoeiro até ao local onde se erguia a forca, devido ao desfalecimento em que caiu logo após a cerimónia baptismal, o que o impedia que se mantivesse de pé, sem ajuda...

A aura temível que coroava o Limoeiro fazia com que este fosse representado de fora, por aqueles que ainda permaneciam livres de lá ir parar, como o lugar de todas as baixezas (o Padre António de Oliveira, capelão e, mais tarde, subdirector da Casa de Correcção e Detenção de Lisboa, considerava o *Verde-Limo* – designação do Limoeiro na gíria marginal do fim do século XIX – a *grande nitreira*[44]), onde grassava a corrupção (veja-se o apontamento de Francisco de Melo Noronha sobre o guarda do Limoeiro que lhe pede a *um tostão* só para responder ao pedido de informação daquele sobre se o director da prisão se encontrava no edifício[45]) e sobretudo, paradoxalmente (apesar da lendária grossura das paredes e das grades de ferro nas janelas), uma fonte de intranquilidade e de insegurança públicas[46]. Para este efeito contribuía, nas opiniões críticas de finais do século XIX, a inserção do Limoeiro na malha urbana, por estar *encravado entre muitas casas, no meio de travessas acanhadas e ruas estreitas*[47].

O rei D. José, depois de informado do arrombamento das prisões do Limoeiro e da consequente evasão de presos, bem como da aparente relação entre estes factos e o aumento da prática de crimes nas estradas públicas e em montes do Alentejo, com grave prejuízo para o comércio e da tranquilidade pública, decretou em 8 de Fevereiro de 1758, em Salvaterra de Magos, como medida de excepção, uma amplíssima competência territorial relativamente a todos os ministros do Reino, permitindo que qualquer destes pudesse proceder contra e prender, no distrito de qualquer dos outros ministros, os evadidos e os autores dos crimes praticados nas referidas estradas e ermos de que tivessem notícia, e permitindo mesmo que qualquer pessoa pudesse deter os criminosos, desde que para os conduzir ao Ministro Letrado da localidade mais próxima. No mesmo decreto, o monarca fixou uma recompensa de duzentos mil reis a quem quer que detivesse cada um dos evadidos do Limoeiro[48].

Bem mais tarde, Maria Isabel de Saint-Léger, Marquesa de Rio Maior, deixou-nos testemunho[49], num tom quase pitoresco, do pânico que se gerou na Rua Formosa quando um grupo de homens desceu em tropel da Patriarcal, alertando que os presos do Limoeiro tinham sido soltos pelos guardas, depois de estes terem sido subornados pelos

Patuleias quando pretendiam libertar os presos políticos. A Marquesa conta ter ouvido, pouco depois, as descargas com que um destacamento foi cortar a retirada aos evadidos, junto à Sé, e as notícias de que tinha havido alguns mortos. Os factos foram notícia no estrangeiro, nomeadamente na londrina *The Gentleman's Magazine*, a propósito da continuação da guerra civil em Portugal[50]. Quem não terá querido sair do Limoeiro, onde se encontrava preso, desde 1846, foi Leonel Tavares Cabral, o fundador de *O Patriota*[51] que, apesar de ser tido como um indefectível liberal, não terá querido participar num acto que reprovava e que, na expressão de Brito Aranha, *inundou de facínoras as ruas de Lisboa*[52]. De qualquer modo, Leonel Tavares Cabral estava doente na enfermaria, nesse dia 29 de Abril de 1847 em que as portas da cadeia foram abertas, de acordo com o relato de Joaquim Martins de Carvalho, igualmente preso no Limoeiro[53], que consta do artigo que este escreveu em *O Conimbricense* e que Brito Aranha transcreve. De acordo com este relato – interessantíssimo, por nos transmitir uma visão muito viva, *por dentro* dos acontecimentos – não foi só Leonel Cabral a não sair da prisão (o que muito poucos terão feito): o advogado Alberto Carlos Cerqueira de Faria preferiu não abandonar os importantíssimos processos que tinha consigo. Com Martins de Carvalho saíram do Limoeiro vários outros presos de Coimbra que ocupavam a prisão n.º 1, no alto da cadeia, nomeadamente, os lentes de Direito Francisco José Duarte Nazareth, Fernandes Costa, Agostinho de Moraes e Raimundo Venâncio Rodrigues, bem como Agostinho de Moraes Pinto de Almeida, lente de Matemática.

Fialho de Almeida narra o episódio da revolta dos presos do Limoeiro que iam ser conduzidos ao navio da *Mala Real* que os levaria para o degredo em África. Tendo assistido pelas janelas da prisão à partida da primeira leva de companheiros, aqueles presos puderam ver como era negada a estes a possibilidade de se despedirem das pessoas mais íntimas e, por isso, começaram a arremessar, contra os guardas destacados para estancar a insurreição, todas as imundícies a que puderam lançar mão nas prisões. Para castigar os insurrectos, a polícia disparou então quatro descargas contra as janelas gradeadas da cadeia[54]. A morte rondou mais uma vez aquelas paredes grossas, ceifando mais vidas.

Há, seguramente, muitas outras vertentes a desvendar para escrever a história do velho e *labiríntico edifício amarelo, de dimensões consideráveis,* que impressionou Lady Wortley ao ponto de, assim, merecer menção nas suas notas de viagem[55]. A parte que se lhe dedica neste livro constitui-se, reitera-se, como um desafio para maior investigação futura e pretende ilustrar quão rico de vivências é o lugar de implantação do Centro de Estudos Judiciários, agora que este já dá nome e marca o sítio, substi-tuindo-se à multissecular designação.

E, por isso, a expressão final de agradecimento a José L. Diniz por ter aceite e sabido tão bem corresponder ao desafio de, com a luz e o olhar de hoje, dar expressão fotográfica ao elo entre o passado e o presente, para memória futura.

António Carlos Duarte Fonseca
Director-adjunto do Centro de Estudos Judiciários

NOTAS

[1] Albino Forjaz de Sampaio, *Lisboa trágica (aspectos da cidade)*, 3.ª ed., Empresa Literária Fluminense, 1917.

[2] Assim se lhe refere expressamente D. Rodrigo da Cunha ao escrever sobre a vida de D. Afonso V, de acordo com a transcrição de Jerónimo Osório, *Obras Inéditas*, Imprensa Régia, Lisboa, 1818.

[3] Na expressão de Feliciano de Castilho, a propósito do Doutor Antonio de Castilho, Colegial do Colégio de S. Paulo, até 1565, que foi nomeado Desembargador da Casa de Suplicação em 1566. – António Feliciano de Castilho, *Camões. Estudo Histórico-Poético liberrimamente fundado sobre um drama francez dos Senhores Victor Perrot e Armand du Mesnil*, 2.ª ed., Typ. Franco-Portugueza, Lisboa, 1863, Tomo III.

[4] Camilo Castelo Branco, *A neta do Arcediago*, Cruz Coutinho, 1860.

[5] *Novelas do Minho*, 2ª ed., Parceria António Maria Pereira, Lisboa, 1903. Ainda numa destas novelas, em *O Degredado*, Camilo refere o Limoeiro como o único local onde os poucos regressados do degredo em África podiam procurar e encontrar os amigos.

[6] João de Andrade Corvo, *Um Anno na Corte*, 2.ª ed. revista pelo autor, Tomo I, Casa de Viúva Moré, Porto, 1863.

[7] *Obras completas de Nicolau Tolentino de Almeida com alguns inéditos e um ensaio biographico-critico por José de Torres / illustradas por Nogueira da Silva*, Castro, Irmão & C.ª, Lisboa, 1861.

[8] *Agostinheida. Poema Herói-Comico em 9 cantos*, Imp. W. Flint, Old Bailey, Londres, 1817.

[9] Eça de Queiroz, *Uma Campanha Alegre de «As Farpas»*, XLVII, Dezembro 1871, Edição Livros do Brasil, Lisboa.

[10] Luís Francisco da Veiga, *O primeiro reinado estudado à luz da sciência, ou a revolução de 7 de Abril de 1831 justificada pelo direito e pela história*, Typ. de Leuzinger & Filhos, Rio de Janeiro, 1877.

[11] Guerra Junqueiro, *Pátria*, Lello & Irmão Lda., ed. especial, Porto, 1925.

[12] António dos Santos Torres, *As razõens da encomfydencia: obra histórica enriquecida de muytas*, imp. Loja de A. J. Castilho, Rio de Janeiro, 1925.

[13] Robert South, *History of the Peninsular War*, John Murray, London, 1828, vol. IV.

[14] *A Narrative of the persecution of Hipppolyto Joseph da Costa Pereira Furtado de Mendonça, A native of Colónia-do-Sacramento, on the River La Plata; imprisoned and tried in Lisbon, by the Inquisition for the pretended crime of free-masonry*, print. by W. Lewis, Patternoster-row, London, 1811, vol. I.

[15] Francisco de Melo e Noronha, *O Limoeiro*, Lisboa, 1901. Esta constatação constitui para o autor um argumento reforçado da necessidade de uma nova cadeia civil em Lisboa (mas fora do centro desta), em substituição do *casarão, de aspecto repellente*, do velho Limoeiro.

[16] Damião António de Lemos Faria e Castro, *Historia Geral de Portugal, e suas conquistas, offerecida à Rainha Nossa Senhora D. Maria I*, Tomo XVIII, Typografia Rollandiana, com licença da Meza do Desembargo do Paço, Lisboa, 1804.

[17] A. Alberto Gonçalves, *Portugal e a sua história: figuras e factos*, Liv. Civilização, Porto, 1939.

[18] Almeida Silvano, *O Marquez de Pombal: celebrado por um grupo de distinctos escriptores liberaes*, Empr. De O Bem Publico, Lisboa, 1906.

[19] Lúcio José dos Santos, *História de Minas Geraes: resumo didáctico*, Comp. Melhoramentos de São Paulo, São Paulo/Rio de Janeiro, 1926.

[20] António Maria Saias, *O innocente condenado à morte: esboço biographico do infeliz António Maria Saias ex-cosinheiro da cadeia do Limoeiro*, Typ. Biblioteca Universal, Lisboa, 1881.

[21] Brito Aranha, *Factos e homens do meu tempo: memórias de um jornalista*, Parceria António Maria Pereira, Lisboa, 1907-1908.

[22] Artur Jorge de Almeida, Casas Nobres de Aveiro. III – Casa do Seixal, http://www.prof2000.pt/users/secjeste/Ajalmeid/Pg004020.htm, consultado em 28-10-2006.

[23] *Obras de Gil Vicente*, Tomo I, Escriptorio da Bibliotheca Portugueza, Lisboa, 1852.

[24] Emmeline Stuart Wortley (Lady), *A visit to Portugal*, Chapman and Hall, London, 1854.

[25] Eça de Queiroz, *Uma Campanha Alegre de «As Farpas»*, LXXXVIII, Julho 1872, Edição Livros do Brasil, Lisboa.

[26] Francisco de Melo e Noronha, *op. cit.*

[27] *Ibid, ibidem.*

[28] *Apud* Joseph Oldknow (Rev.), *A month in Portugal*, Longman & Co, London, B. H. Leather, Birmingham, 1855.

[29] A Casa de Detenção e Correcção de Lisboa foi criada pela Lei de 15 de Junho de 1871 como cadeia civil destinada a rapazes com menos de 18 anos, condenados a prisão ou a prisão correccional ou presos preventivamente, a menores com menos de 14 anos condenados em qualquer pena, bem como a quaisquer outros menores presos à ordem de autoridade administrativa ou que fossem detidos a título de correcção familiar. Cf. A. C. Duarte-Fonseca, *Internamento de menores delinquentes. A lei portuguesa e os seus modelos: um século de tensão entre protecção e repressão, educação e punição*, Coimbra Editora, Coimbra, 2005.

[30] *As Farpas. Chronica mensal da politica das letras e dos costumes*, 2.º anno, Março a Abril de 1873.

[31] *Apud* Brito Aranha, *op. cit.*

[32] Veja-se a forma viva e impressiva como o Padre António de Oliveira, em *Via Infamante*, descreve o processo de admissão dos presos, muitos deles crianças, no Limoeiro.

[33] Albino Forjaz de Sampaio, *op. cit.*

[34] Mendes dos Remédios, *Memórias de José da Cunha Brochado extrahidas das suas obras inéditas*, França Amado, Coimbra, 1909.

[35] José da Cunha Brochado exerceu como magistrado em Lisboa, foi mais tarde nomeado para o Desembargo do Paço, vindo a seguir uma brilhante carreira diplomática, primeiro como secretário do embaixador D. Luís Alvares de Castro, Marquês de Cascais, em Paris, em 1695 – que vem a substituir, como enviado extraordinário de 1699 até 1704 – e depois como enviado a Londres, em 1710, e Madrid, em 1725.

[36] Entrevista de Luiz Pacheco a João Pedro George, em 4 de Maio de 2005, em http://esplanar.blogspot.com/2005/05/tambm-colaborou-na-seara-nova.html, consultado em 28-

10-2006. Luiz Pacheco esteve preso no Limoeiro três vezes, respectivamente em 1947, 1959 e 1968, na primeira das quais casou na prisão – Cândido Franco, em *Cartas ao Léu: vinte e duas cartas de Luiz Pacheco a João Carlos Raposo Nunes*, Quasi, Famalicão, 2005.

[37] António Feijó, *Bailatas*, A. M. Teixeira, Lisboa, 1907.

[38] Hélio Viana, *Capítulos de história luso-brasileira*, Academia Portuguesa de História, 1968.

[39] Vicente Ferrer, *Guerra dos Mascates (Olinda e Recife)*, 2.ª ed. rev. e aug., A. M. Teixeira, Lisboa, 1915.

[40] William Young, *Le Portugal sous Don Miguel*, trad. de Mm. Nisard, Moutardier, Paris, 1830.

[41] A. P. D. G., *Sketches of Portuguese Life, Manners, Costume, and Character*, print for Geo. B. Whittaker, London, 1826.

[42] Paolo Bernardini e Norman Fiering (Editores), *The Jews and the Expansion of Europe in the West 1400-1800*, Berghahn Books, New York/Oxford, 2000.

[43] *Memoria do que acontecéo na Cadéa do Limoeiro de Lisboa com os nove Reos Estudantes de Coimbra, que no dia 20 de Junho de 1828 padecêrão o supplicio, em que um delles, Manoel Innocencio Araújo Mansilha, foi baptizado. Composta por Fr. Claudio da Conceição, Ex-Definidor, examinador Synodal do Patriarchado de Lisboa, Pregador Régio, Chronista e Padre da Provincia de Sancta Maria da Arrabida, e Chronista do Reino*, Real Imprensa da Universidade, Coimbra, 1828.

[44] António de Oliveira (Padre), *Deixemos os Pais, cuidemos dos Filhos* e *Via Infamante*, Lisboa, 1923.

[45] Francisco de Melo e Noronha, *op. cit.*

[46] A segurança no Limoeiro tinha afrouxamentos em muitos aspectos. O Padre João Cândido de Carvalho, enquanto lá esteve preso, conseguiu fazer sair do estabelecimento parte do manuscrito do seu romance *Os mistérios do Limoeiro*, para ser impresso nas oficinas do jornal *Revolução de Setembro* – Brito Aranha, *op. cit.* No século seguinte, em 1933, também da enfermaria do Limoeiro saíriam artigos de Francisco de Paula de Oliveira – mais conhecido pelo pseudónimo Pavel, dirigente do PCP, que ali estava internado – para publicação no jornal *Avante*, como conta Edmundo Pedro, que fazia de correio entre aquele dirigente do PCP e este partido – Entrevista de Edmundo Pedro a Paula Alexandra de Almeida, de *CAMPEÃOn-line das províncias* de 28-9-2006, em http://www.campeao-provincias.com/noticias.asp?id=5818, consultado em 28-10-2006.

[47] Francisco de Melo e Noronha, *op. cit.*

[48] *Collecçaõ das Leys, Decretos, e Alvarás, que comprehende o feliz reinado del Rey Fidelíssimo D. Jozé o I. nosso Senhor desde o anno de 1750 até o de 1760, e a Pragmática de Senhor Rey D. Joaõ V. do anno de 1749.*, Tomo I. Oficina de António Rodrigues Galhardo, Lisboa, 1790.

[49] Branca de Gonta Colaço, *Memórias da Marquesa de Rio Maior Bemposta-Subserra*, Parceria António Maria Pereira, Lisboa, 2005.

[50] *The Gentleman's Magazine*, by Sylvanus Urban, gent., Vol. XXVII, New series, John Bowyer Nichols and Son, January to June inclusive, 1847.

[51] Em 1942 e que foi publicado até 1853, mas com uma descontinuidade ditada pelos períodos de grande convulsão que então se viviam.

[52] Brito Aranha, *op. cit.*

[53] Joaquim Martins de Carvalho, nascido em Coimbra, fez parte do movimento da Maria da Fonte motivo pelo qual foi preso e levado de Coimbra para a Figueira da Foz e daí, de barco, para Lisboa, para o Limoeiro. Foi um grande jornalista no seu tempo, tendo colaborado no *Liberal do Mondego*, no *Observador* (do qual se tornou proprietário) e do famoso e reputado *O Conimbricense*.

[54] Fialho de Almeida, *Vida irónica: jornal d'um vagabundo*, Liv. Clássica, Lisboa, 1914.

[55] *A rambling yellow building, of considerable size*: Emmeline Stuart Wortley (Lady), *op. cit.*

LABORINHO LÚCIO
FORMAÇÃO DE MAGISTRADOS EM PORTUGAL
ENTRE A PERPLEXIDADE E A UTOPIA

Na passagem do seu décimo aniversário, celebrado em Dezembro de 1989, o Centro de Estudos Judiciários chamou para reflexão o pensamento de André Malraux segundo o qual «julgar é não compreender, pois se se compreendesse jamais se poderia julgar». E, ao fazê-lo, recolocou, então numa perspectiva de avaliação crítica do seu percurso, os mesmos tópicos essenciais que, desde a sua origem, tinham dominado ideologicamente o seu projecto e o seu modelo de funcionamento.

Nascido que foi à luz de Abril e tendo como objectivo principal a formação de magistrados em Portugal, para o CEJ a inquestionável asserção de que «julgar é não compreender» – facilmente acolhida por um pensamento positivista formalista tão a propósito num Estado autoritário, mais interessado na decisão do que no julgamento, mais identificado com a lei do que com a justiça – gerava agora a maior perplexidade, sobretudo num tempo e num espaço onde, às dúvidas quanto ao valor absoluto das leis, se acrescentava a magnífica riqueza proposta, a cada momento, pelo dinamismo da realidade de facto. Preparar para julgar compreendendo transformou-se, assim, simultaneamente, no objectivo da formação e na sua

própria utopia. Porém, a simples afirmação de que o magistrado não é um mero técnico do direito – observação óbvia, sobretudo no contexto de então – constituía, as mais das vezes, uma temeridade, e mesmo no interior da instituição não faltava quem a aceitasse com sérias reservas.

A caminhada não se anunciava, pois, despida de dificuldades.

As importantes alterações legislativas, ocorridas a partir de 1975, que modificaram radicalmente toda a organização judiciária incluindo os estatutos dos magistrados, sobretudo as que vieram a ter lugar na decorrência da publicação do texto que aprovou a Constituição da República Portuguesa de 1976, tinham trazido, ao sector da justiça, o eco da revolução e interpelaram, irrecusavelmente, ao debate e à tomada de posição.

A pulverização de «justiças» autónomas entre si, constituindo sub sistemas diferenciados quer no modelo de designação e de nomeação dos seus magistrados, quer no plano da organização interna e da respectiva gestão; a consagração do princípio do auto-governo das magistraturas com a criação dos respectivos órgãos superiores de gestão; o reconhecimento da autonomia do Ministério Público e, também por essa via, do

CEJ: sala de convívio.
Fotografia de José L. Diniz

O Juiz Conselheiro António Miguel Caeiro,
primeiro director do CEJ, discursando
perante o Ministro da Justiça Pedro de Sousa
Macedo. Entre ambos, da esquerda para
a direita, o Procurador-Geral da República
Juiz Conselheiro Eduardo Augusto Arala
Chaves e o Presidente do Supremo Tribunal
Administrativo Juiz Conselheiro António
José Simões de Oliveira. Fotografia de arquivo
do CEJ

paralelismo entre este e a magistratura judicial; a institucionalização, separada das restantes, de uma justiça constitucional; e o aparecimento de um sindicalismo comprometido envolvendo ambas as magistraturas, são algumas das medidas que, entre várias outras, vieram modificar radicalmente o panorama da organização do Estado na área da Justiça e que introduziram no sector um novo paradigma de contornos ideológicos e culturais provocando, por isso mesmo, as mais diversas e desencontradas reacções.

No domínio dos principais pilares do direito substantivo sucediam-se alterações não menos significativas, enquanto o anúncio de outras introduzia, só por si, a necessidade de um novo posicionamento interpretativo relativamente aos textos legislativos ainda em vigor.

Aos tempos empobrecedores, embora tranquilos, nos quais a magistratura proclamava a sua independência ao espelho da lei e a partir de uma leitura formalista dos textos, acolhendo-se, aliás numa perspectiva demasiado redutora, à sombra da máxima de Montesquieu de que «o juiz é a boca que pronuncia as palavras da lei», sucederam-se outros, no quais, sem quebra do respeito devido ao princípio fundamental do primado da lei, novas exigências de justiça, de eficácia, de exercício democrático do poder soberano próprio dos Tribunais e de procura de uma mais próxima conformação da lei à realidade, vieram projectar-se na questão, agora também nova, da formação do magistrado, impregnando esta, assim, de uma dimensão, também ela, necessariamente ideológica e cultural.

Diante da perplexidade com que se acolhia a submissão à ideia, meramente formal, de que «julgar é não compreender», rasgavam-se agora horizontes para a utopia que se propunha, mesmo sem recusar contornos axiológicos, pugnar pelo princípio de que «só compreendendo é possível e legítimo julgar».

Esta era, aliás, uma questão que, de uma forma ou de outra, atravessava os inúmeros debates que, ao tempo, se sucediam em torno das questões da justiça tendo, porém, como pano de fundo – cumpre reconhecê-lo hoje – um manto conservador de suspeição que disfarçando a matriz ideológica que o suportava se abrigava atrás de um conceito vazio de independência e de distanciamento, tributário ainda de uma obsoleta ideia de aparente neutralidade que perpassara longamente pelo sistema.

Aí emergiram novas figuras no debate judiciário e no discurso político sobre a justiça e os seus problemas. Aí vieram a lume trabalhos que, pela sua importância, propuseram novos rumos ao pensamento teórico-prático sobre o lugar do magistrado e dos tribunais numa sociedade democrática moderna.

[Entre aqueles e estes, cabe destacar, a título de exemplo, Cunha Rodrigues, indissociavelmente ligado ao que de mais inovador se produziu entre nós em matéria de reforma legislativa no domínio alargado da organização judiciária; autor, entre vários outros, de um modelar texto de reflexão que sob o título de «O Magistrado Hoje – Exegeta ou Arquitecto Social», ainda agora constitui um dos pilares do pensamento judiciário moderno; ele mesmo responsável técnico pela formulação do diploma que, em 1979, com assinatura do Ministro da Justiça, Pedro de Sousa Macedo, criou o Centro de Estudos Judiciários.]

É, pois, neste contexto, saudavelmente agitado e marcado por uma incerteza boa, que surge o CEJ, logo à partida condicionado por um vasto conjunto de constrangimentos e aguardado com um evidente sentimento de reserva oriundo de vários sectores, desde o campo judiciário até ao mundo académico, designadamente, à Universidade. À falta de experiência no domínio da formação em geral e da formação de magistrados em particular e à ausência de modelos comparativos consistentes, acresciam uma total carência de instalações para funcionamento da escola e uma situação de falência nos quadros de ambas as magistraturas, com os tribunais a serem agora mais solicitados pelo cidadão melhor informado sobre os seus direitos e mais confiante na sua realização.

[Em tempo de aniversário, e tentando projectar no futuro a memória do passado, não deixa de ser ao menos curioso lembrar nesta casa, hoje, que, há vinte e cinco anos, prestes a ser publicado o diploma que a criava, interrogando aquele que havia sido convidado a apresentar um primeiro esboço para o seu funcionamento, sobre o local onde a instituição iria funcionar, lhe tivesse sido, responsavelmente, respondido que «talvez numa sala de audiências do Palácio da Justiça!».]

Não chegou a ser assim, e o Centro nasceu logo aqui no Limoeiro.

E foram empolgantes os seus primeiros tempos.

Enquanto uns insistiam na defesa do modelo tradicional de acesso à magistratura judicial pela via do Ministério Público, sem alguma vez se terem, sequer, detido perante a evidência objectiva da realidade que, só por si, demonstrava ser essa velha opção agora de todo inexequível por falta de recursos humanos, o CEJ desdobrava-se a fornecer cursos especiais acelerados, para garantir, dessa forma, não a existência de uma magistratura, desde logo, particularmente qualificada, mas, pura e simplesmente, para garantir a existência da magistratura.

Com real autonomia em relação aos órgãos internos de gestão das magistraturas e com independência de facto perante o poder executivo, foi possível conceber e fazer funcionar um modelo que, sem nunca perder de vista a capacidade de resposta quantitativa que se lhe pedia, se estruturou teoricamente e se definiu em torno de objectivos claros que se prosseguiram essencialmente em três planos complementares. Internamente, apostando na formação integral da pessoa do magistrado e, por isso, também na sua dimensão cultural e humana, dando, progressivamente, maior relevo à formação do conhecimento em áreas não jurídicas, mas apostando, sem equívocos, numa preparação técnica profunda e rigorosa. Sabia-se que esta última componente levaria, mais tarde, à crítica pelo seu excesso e até pelo deslocado da sua prestação em plena fase teórico-prática da formação de magistrados. Sabia-se isso! Mas sabia-se também que, naquele tempo, seria apenas pela qualidade técnica dos estagiários saídos do CEJ que este havia de se impor no interior do sistema. E, por isso, se impôs!

Seria, porém, no plano externo que o Centro de Estudos Judiciários se afirmaria como novidade, vindo a beneficiar de uma confortável aceitação nos mais variados meios desde o político, ao cultural e ao social, multiplicando, inovadoramente, acções de complementaridade entre sectores e oferecendo, dessa forma, propostas de novos caminhos tanto internamente, para a formação, como externamente, para uma melhor compreensão do sistema de justiça, para a introdução no debate público e na actuação interdisciplinar de temas tão fundamentais como os relacionados com as áreas do direito laboral, de todo o complexo campo dos direitos da criança e do jovem, da dimensão cultural do próprio direito penal e da ciência criminal em geral, entre vários outros.

O CEJ passou a ser um espaço de acontecimentos, a imagem da justiça tornou-se mais humanizada e mais respeitada por parte daqueles que sobre ela exerciam uma natural e saudável vigilância crítica. Por aqui passaram os mais significativos vultos da vida intelectual, cultural e artística portuguesa. O CEJ transformou-se, nas palavras de Mário Raposo, Ministro da Justiça de então, numa verdadeira «Casa da Cultura». E isso, como diria Vergílio Ferreira, imprime o estilo que dá sentido à formação.

[Para tanto contribuíram, pela sua formação cultural e humana, com a sua inteligência e sagacidade e com uma notável abertura e juventude de espírito, o primeiro director da instituição, o Juiz Conselheiro António Miguel Caeiro; com a sua qualidade técnica e humana, os primeiros docentes da instituição; e, mais tarde, com a sua visão política, com o seu apoio e com o desassombro da atitude, o Ministro da Justiça, José Manuel Meneres Pimentel.]

Tarefa mais complexa, entretanto, mas tão ou mais essencial, era, todavia, a que se dirigia à investigação tendo como objecto o judiciário, ou se se quiser, a actividade de aplicação do direito nos tribunais. Tarefa iniciada e desenvolvida, acompanhada por uma significativa actividade experimental e projectada num conjunto não desprezível de aquisições que permite prosseguir um trabalho que, hoje, ainda mais do que ontem, se revela indispensável. Com efeito, sem hesitações no reconhecimento da existência de um direito judiciário autónomo, tudo está ainda em saber se se mostra ele epistemologicamente justificado como objecto e capaz de sugerir um método de compreensão, ambos próprios e autónomos, e hábeis para darem lugar à construção de uma verdadeira ciência judiciária do direito.

Como quer que seja, a investigação no domínio do judiciário constitui nos nossos dias uma missão inadiável, tanto mais imperiosa quanto a complexidade social o exige, reclamando-se para intervir na esfera de acção dos tribunais muitos outros saberes para lá do meramente jurídico, mais voltado, este, para a redução da complexidade do que para a sua integração e compreensão.

É, afinal, agora e sempre, a questão da escolha entre o desafio da compreensão para julgar bem e a aceitação da não compreensão como pressuposto da própria capacidade de julgar.

O que vem a remeter-nos, no fundo, para um outro domínio, onde se decide sobre o método e sobre o modelo da formação, ela própria, questão toda decorrente da resposta que se encontrar para o problema de saber se o que se busca é um modelo inovador que se constitua, ele mesmo, em factor de actualização, de crítica, de mudança e de modernização do sistema de justiça e, assim, democrático, marcado por exigências de cidadania; ou, ao invés, se o que se procura é um modelo reprodutor, avesso à mudança e à inovação e, por isso, burocrático, pontuado pelos interesses interiores do próprio sistema de justiça e, por isso, essencialmente corporativos.

Pela nossa parte não vemos como hesitar!

Para novas exigências de eficácia, de transparência e de justiça material a prosseguir num espaço social e humano marcado de forma positiva pela complexidade e pela aceleração tanto na construção como na ruptura sucessivas de modelos de referência, impõe-se, na personificação de um sistema de justiça, um magistrado mais culto, mais democrático, mais responsável e na expressão de Paul Ricoeur, mais participante ou mais capaz de «tomar posição».

Só esse poderá ser aquele que, nos tempos do começo, Castanheira Neves identificava como o «que possa ser o representante originário da comunidade no seu todo e da sua última intencionalidade axiológica, não de qualquer ideologia política, partido ou classe».

Do mesmo modo, comprometido hoje o sector da justiça como determinante na garantia da segurança interna e externa dos cidadãos e dos Estados; na promoção da dinâmica da actividade económica e empresarial marcada por regras de mercado altamente competitivo também em termos internacionais; na resolução de conflitos e na composição de interesses fundamentais para a consolidação da coesão social, para a atenuação de factores de exclusão e para o reforço da confiança e da credibilidade das instituições e do Estado; enfim, na preservação de valores individuais e sociais estruturantes de uma demo-

cracia moderna, não é já aceitável um sistema que se auto-governa sem uma forte componente de responsabilização democrática, que, por isso, tende a auto-legitimar-se e no qual o peso da exterioridade se reconhece ainda como muito pouco expressivo.

Tão pouco que, quanto a nós, por aí passa muito do défice de credibilidade de que padece hoje a justiça em Portugal.

Na verdade, na transição de um tempo de comunicação autocrática que fazia repousar a confiança na justiça num simples acto de fé, para um tempo de relação democrática apelando a uma confiança assente na racionalidade, a questão da credibilidade vê-se confrontada com exigências novas e bem difíceis de garantir. À ignorância que não abala a fé, veio suceder a dúvida e o sentido crítico que pauta as regras da racionalidade. Às certezas simplesmente acreditadas, sucedem-se os relativismos nem sempre facilmente compreendidos pela via de uma racionalidade ainda pouco informada. Ao cidadão deixado Kafkianamente à entrada da lei, sucede o cidadão moderno reclamando o conhecimento daquela, e o seu direito à interioridade, ou à participação activa no interior dos sistemas que visam, afinal, servi-lo.

É o cidadão parceiro quem agora reclama outro estatuto, umas vezes por si próprio, directamente, outras por interpostas estruturas mais ou menos formais mas sempre detentoras de poder não desprezível numa sociedade aberta e complexa como a dos nossos dias. Aqui se colocam questões, hoje incontornáveis, como, por exemplo, a da importância da comunicação social e da função mediadora desta na formação da opinião e na formulação da crítica ao funcionamento do sistema de justiça. Matéria, esta, que, não perdendo a sua natural dimensão social e política, não pode mais deixar de integrar, como objecto cientificamente abordável, o conteúdo programático da formação de magistrados.

Tudo isto bastaria para colocar, de novo, o CEJ no centro dos debates e das soluções estratégicas que importa esboçar para a Justiça em Portugal. Questões como as da independência dos tribunais, do governo das magistraturas, da responsabilidade dos magistrados, da fiscalização pública da actividade dos tribunais, da organização judiciária, da diversidade de modelos de intervenção enquadrando o mesmo sistema de justiça, da natureza da representação no exercício da função jurisdicional, do sentido e dos limites da autonomia do Ministério Público e do seu modelo hierárquico de organização, são apenas algumas das que não podem mais deixar de integrar matéria fundamental na investigação a produzir e na formação dos magistrados, sendo certo que, nos respectivos trabalhos, indispensável será que passem a participar, com peso real, agentes exteriores não só ao sistema, como mesmo à própria comunidade jurídica, abrindo-se a intervenção a outras áreas sociais onde habitam os direitos que aos tribunais cabe prosseguir e tutelar.

Nessa perspectiva, e como tivemos já ocasião de sustentar noutro local, importará conceber o Centro de Estudos Judiciários como órgão de suporte científico à acção das instituições no domínio do judiciário. Para tanto, como objectivo primeiro, haverá que destacar a investigação, sendo que esta tenderá a constituir, progressivamente, o suporte de referência para a formação, esta, então, assim, o segundo objectivo da instituição. Ao CEJ reconhecer-se-á, pois, uma vocação de espaço crítico, de reflexão, de debate e de análise sobre os problemas gerais que atravessam o discurso sobre a justiça, ao mesmo tempo que se lhe conferirá a responsabilidade de criar pensamento teórico sobre a matéria e de fazer emergir conhecimento científico adequado, não devendo desleixar uma natural vocação de mediação entre o conhecimento técnico produzido e uma sua adequada compreensão e acei-

CEJ: pormenor da Capela reflectido em janela
do edifício principal.
Fotografia de José L. Diniz

tação na sociedade em geral. Interessando neste campo de investigação magistrados, advogados, professores universitários e outros juristas, dele se não poderão dispensar técnicos oriundos de outros e variados domínios, chamados, uns a tempo inteiro, outros a tempo parcial, uns como investigadores, outros como consultores, todos como potenciais docentes da instituição.

Porém, investigar e formar para a inovação impõe que se adoptem soluções coerentes com o objectivo e não se sigam caminhos que privilegiam o consenso em detrimento do êxito daquele. Assim, enquanto se não alterar o actual modelo de gestão e de auto-governo das magistraturas, substituindo-o por outro que ofereça uma mais evidente legitimação externa à própria gestão, e chame à respectiva responsabilidade quem por ela deve e pode responder, seria grave erro atribuir a formação de magistrados, ou mesmo apenas a sua inserção institucional, a qualquer dos actuais conselhos superiores.

Por sua vez, na mesma linha, e agora olhando já à organização da formação propriamente dita, tudo parece aconselhar que se repense a cronologia das várias fases da formação inicial e que se adopte uma solução imposta por objectivos previamente fixados, rigorosamente definidos e assentes em investigação preambular, hoje já possível em face dos dados disponíveis nacional e internacionalmente.

Formar para a inovação pressupõe, necessariamente, uma primeira fase de longa duração, na qual se privilegie uma componente deontológica crítica e uma formação de cultura constitucional e judiciária alargada, de par com uma forte participação de matérias opcionais em temas mais especializados, de estágios de contacto e de observação em diversos sectores de actividade com expressão social, e bem assim da necessária formação técnica, obviamente indispensável.

Tudo aconselha, por isso, a que se altere o regime introduzido pela Lei nº 16/98, de 8 de Abril, produzindo-se outro que não seja contraditório com uma estratégia que afaste o modelo meramente reprodutivo na formação de magistrados, não sendo de excluir que a passagem do 25º aniversário da instituição se aproveite, também, para fazer publicar um novo diploma estruturante do modelo de formação que, recolhendo todo o ensinamento de vinte e cinco anos de experiência, se afirme agora como referência inovadora para as próximas gerações.

E aí, outras questões sempre actuais, certamente por nunca terem conhecido solução verdadeiramente satisfatória, voltarão à mesa do debate. Disso será exemplo, para lá de outras, a que se analisa na alternativa de uma formação comum ou de uma formação separada para as magistraturas judicial e do Ministério Público, onde, sem deixar de aceitar a possibilidade de se preverem módulos específicos, pensamos, sem dúvidas sérias, dever aquela continuar a ser conjunta na primeira fase, sobretudo na medida em que esta se aproxime mais do modelo inovador referido, preenchido, em matéria de conteúdos, nos termos antes sugeridos. Aliás, reforçando a posição que sustentamos, o caminho que, mais tarde ou mais cedo – cremos – virá a trilhar-se em direcção à permeabilização das carreiras nas magistraturas, aconselha a que se tenha por comum a chamada formação teórico-prática dos magistrados judiciais e do Ministério Público. Já defendemos, porém, que a opção inicial pela magistratura seja feita antecipadamente, logo no requerimento de candidatura ao CEJ e, assim, antes da realização do respectivo processo de selecção.

Por outro lado, cumprirá cuidar atentamente das fases de estágio, tradicionalmente deixadas fora de um pensamento estratégico em matéria de formação, promovendo uma melhor ligação ao CEJ dos magistrados formadores e envolvendo-os afectivamente no próprio projecto de mudança que importa prosseguir. Trata-se, no fundo, de integrar definitivamente as fases de estágio na estratégia global que cabe ao CEJ definir, criando uma unidade de sentido em todo o processo de formação e estabelecendo procedimentos pedagógicos coerentes com os objectivos finais a atingir.

Do mesmo modo, novos rumos não deixarão de ser definidos para um melhor êxito nos resultados a esperar tanto da formação permanente – cada vez mais essencial – como da formação complementar.

Afinal, como há vinte e cinco anos, não faltam razões para alimentar a perplexidade, nem escasseiam fundamentos para reinventar a utopia.

A própria «crise da justiça» nos tem ensinado amiúde que não é por se compreender que se torna impossível julgar. Bem pelo contrário, é por se não compreender que tantas vezes se julga erradamente. Vale, por isso, a pena retomar o desígnio, agora que à frente dos destinos do Centro de Estudos Judiciários se encontra uma figura de cidadã de competência indesmentível, de uma notável capacidade de trabalho, séria, determinada e culta.

Pela primeira vez, o CEJ tem a dirigi-lo um não magistrado. Não uma professora universitária, que também o é, mas, sobretudo e mais significativamente, um não magistrado. Tal facto não me tomou pela banda da perplexidade, antes me fez voltar os olhos para a raiz da utopia... Os magistrados haverão de compreender que está bem assim e o cidadão comum tenderá a compreender melhor os magistrados. E, compreendendo ambos, de certo que, então, bem melhor saberão julgar.

CEJ: entrada principal, pormenor.
Fotografia de José L. Diniz

CUNHA RODRIGUES
FORMAÇÃO DE MAGISTRADOS EM PORTUGAL
O TEMPO FUNDADOR

QUEM LER OS ESCASSOS ESTUDOS sobre organização judiciária publicados antes de 25 de Abril encontrará poucas referências à formação de magistrados.

O que se compreende.

A formação profissional era relativamente recente na sociologia das organizações e geralmente mal recebida pela administração pública.

No Verão de 1974, quando as relações com os Estados Unidos estavam já consideravelmente deterioradas, o governo português aceitou enviar àquele país uma "missão técnica", constituída por cinco magistrados .

A visita durou quinze dias e incluiu uma semana numa das então raras escolas de formação de juízes: a de Reno (Nevada).

A Escola era privada, pertencia a uma Fundação e dizia-se que tinha o patrocínio de uma conceituada marca de sabões. Destinava-se particularmente a quem pretendia candidatar-se ao cargo de juiz numa das próximas eleições ou tinha acabado de ser eleito.

Poderia pensar-se que a frequência da Escola era um apreciável trunfo curricular. Mas o director da Escola desenganou os visitantes. Um dos problemas residia exactamente em que,

durante a campanha eleitoral, os candidatos se atacavam, argumentando que a necessidade de os adversários frequentarem a Escola atestava a sua imaturidade. E se, porventura, estes iam à Escola depois de eleitos, o remoque aparecia sob outra forma: a de que se confirmava o que tinham denunciado, durante a campanha eleitoral, sobre a impreparação dos rivais!

A frequência da Escola dependia de uma propina elevada.

Quanto ao tipo de formação, era concentrado, organizado em unidades temáticas e de tempo, com cursos de uma a quatro semanas orientados, como é natural num sistema jurídico como o norte-americano, para a exposição e análise de casos.

A retórica judicial e forense e as relações com a comunicação social ocupavam um lugar importante nos programas.

O futuro viria a confirmar a consistência desta Escola como instrumento de formação contínua.

Nesse tempo, o recrutamento e a formação de magistrados continuavam a assentar, em Portugal, em concursos de provas públicas precedidos de estágios. O estágio para delegado do procurador da República era feito como subdelegado e, cada vez mais, como delegado interino. O estágio para

CEJ: sala de convívio, janela gradeada.
Fotografia de José L. Diniz

O Procurador-Geral Adjunto Álvaro
José Laborinho Lúcio, primeiro director
de estudos e segundo director do CEJ,
assinando termo de posse na presença
do Presidente do Supremo Tribunal
Administrativo Juiz Conselheiro António
José Simões de Oliveira e do Juiz Conselheiro
António Miguel Caeiro, director do CEJ.
Fotografia de arquivo do CEJ

juiz não se fazia ou, melhor, *fazia-se* como delegado do procurador da República.

Era um sistema muito ligado à natureza do regime.

Não vou demorar-me sobre os seus méritos e defeitos. Mas não deixarei de pôr em relevo a qualidade científica dos concursos de habilitação cujos arguentes representavam a nata da magistratura e da universidade.

Sem falar da solenidade das provas…

Quem é o juiz dessa época que não recorda a interminável passadeira vermelha que, no Supremo Tribunal de Justiça, conduzia os candidatos até ao pretório e os sentava num local não muito diferente do que, nas comarcas, era reservado aos réus: bem abaixo da bancada, hesitantes e trémulos perante um júri grave que os observava meticulosamente, ao mesmo tempo que folheava, com um discreto aceno de aprovação ou de reticência, os elementos curriculares. Tudo sob o olhar tutelar de D. Maria II!...

Não é de estranhar que, depois da Revolução, uma das primeiras manifestações colectivas da magistratura visasse o método de recrutamento. Os delegados do procurador da República recusaram-se a participar no concurso de habilitação para juiz de direito e protagonizaram o primeiro afrontamento entre o sistema judicial e o poder político.

A reacção inicial do Ministro Salgado Zenha foi de algum azedume, bem patente na afirmação de que não tolerava gestos de indisciplina de subordinados. Mas, logo a seguir, prevaleceria a inteligência e a intuição do singular político e homem do foro e fazia-se agulha para um sistema diferente: os estágios.

E, assim, já no ministério de Pinheiro Farinha, foi publicado o Decreto-Lei 714/75, de 20 de Dezembro, que estabelecia novas condições de ingresso nas magistraturas judicial e do Ministério Público.

O diploma assumia a sua natureza precária e instrumental mas era muito claro quanto a um ponto: a opção por critérios «mais consentâneos com as realidades da vida e as experiências profissionais» e uma avaliação final «a cargo de um júri sem quaisquer ressaibos de escolaridade».

O ingresso passava a fazer-se mediante estágios separados para cada uma das magistraturas, desdobrados numa fase de formação inicial e outra de formação complementar.

A formação inicial realizava-se directamente junto de juízes ou de delegados formadores.

A formação complementar era dirigida por um Grupo Orientador de Estágios (GOE).

Quanto a conteúdos, o diploma preconizava um estágio realizado no exercício das funções a que os candidatos se propunham. Os delegados e os juízes estagiários possuíam competência idêntica à, respectivamente, dos delegados do procurador da República e dos juízes de direito e tinham uma participação gradual na actividade judicial.

A admissão ao estágio da magistratura judicial partia da fixação de um número de candidatos, segundo as necessidades. Elaborava-se, depois, um rol de onde constavam os delegados do procurador da República incluídos na metade superior da lista de antiguidade de 1.ª classe com classificação de serviço não inferior a Bom e advogados com mais de dez anos de exercício contínuo de actividade. O número de advogados não podia exceder um quinto do número total de estagiários.

O ingresso no estágio do Ministério Público baseava-se também em critérios objectivos: dividia-se os candidatos em três grupos, ficando, no primeiro, os licenciados há menos de dois anos, no segundo, os licenciados há mais de dois anos e menos de cinco anos e, no terceiro, os licenciados há mais de cinco anos. No primeiro grupo, integrava-se cinquenta por cento dos candidatos, no segundo trinta por cento e no terceiro vinte por cento. Dentro de cada grupo, dava-se preferência aos mais velhos e, quando da mesma idade, aos que primeiro tivessem requerido.

Vê-se destes critérios que o legislador de 1975, diferentemente do que, muitos anos depois, viria

CEJ: auditório, pormenor.
Fotografia de José L. Diniz

a suceder, punha em vantagem os candidatos com licenciaturas mais recentes.

Como actividades de extensão, previam-se sessões de estudo e investigação, algumas das quais deveriam ter lugar em «estabelecimentos de interesse relacionado, directa ou indirectamente, com a função judicial, designadamente estabelecimentos prisionais, de menores e Polícia Judiciária». Também se preconizava o convite de funcionários qualificados destes estabelecimentos ou de outras entidades «para a realização de palestras, seguidas de debate».

Coube-me a honra, como ajudante do procurador-geral da República, de presidir ao primeiro Grupo Orientador de Estágios para ingresso na magistratura do Ministério Público.

Darei, desta experiência, duas notas.

A primeira, para recordar o plano do estágio.

A segunda, para testemunhar as tensões que emergiam, motivadas pelo espírito de corpo da magistratura, pela enchente ideológica e pela perplexidade gerada pelos novos tempos.

O plano de estágios incluía uma fase introdutória e outra formativa.

Eram objectivos da fase introdutória:

– «Preparar o primeiro contacto judicial do estagiário, por forma a evitar a sua entrada em funções sem uma prévia compreensão das condições de exercício do cargo;

– Imprimir um quantum de disciplina ao estágio; (a esta distância, devo confessar que me escapa a causa próxima deste apelo à disciplina…);

– Proporcionar uma primeira experiência de trabalho de grupo;

– Sensibilizar os estagiários para a necessidade de uma reflexão crítica acerca do funcionamento da justiça e das condições concretas da sua aplicação, de modo a obviar a que a transposição da teoria para a prática se (processasse) segundo modelos de rotina e sobretudo a que os estagiários se (deixassem) influenciar demasiadamente pelo tipo profissional ou ideológico dos formadores…».

Sobre a fase formativa, o plano de estágio expendia considerações que respiravam o ar do tempo.

Destaco as seguintes:

«O magistrado exerce uma actividade ao mesmo tempo aplicativa e criadora. É necessário facultar-lhe uma formação de base que o habilite a descobrir e explorar o sentido desta realidade».

«A velha ideia do silogismo judicial, qualquer que seja o seu valor como regra disciplinadora, ilumina uma área cada vez menor do processo mental do magistrado. Ele deve partir da vida e da sociedade para o Direito e fugir à tentação fácil de se transformar em mero instrumento repetitivo das palavras da lei».

«Daí que uma razoável erudição jurídica não dispense cultura geral, sensibilidade política, carácter, equilíbrio, objectividade e imparcialidade, firmeza, capacidade de juízo e de síntese, poder de comunicação e de expressão, capacidade de resistência às sugestões, etc…»

«Deve, sobretudo, defender-se o magistrado das soluções acabadas que dispensam a reflexão, a ponderação, portanto o julgamento».

A segunda nota ilustra as tensões a que me referi.

Evocarei, como fiz noutra oportunidade, a cena da mesa-redonda promovida pelo G.O.E. do Ministério Público no Tribunal da Boa-Hora.

A mesa-redonda integrava-se num ciclo de estudos que teve lugar, em Junho e Julho de 1976, subordinado ao tema «A justiça e o homem».

Tinha-se procurado evitar o confronto político-partidário e ninguém podia, com fundamento, acusar a iniciativa de radicalismo. Atestavam-no os intervenientes, de que nomeio, a título de exemplo, o Advogado Dr. Polónio de Sampaio, os Professores Castanheira Neves e Oliveira Marques e o Bispo do Porto, D. António Ferreira Gomes.

O ciclo de estudos, de que constavam várias conferências, foi imediatamente *baptizado*, em meios conservadores, de *conferências do casino*.

CEJ: fachada do edifício principal.
Fotografia de José L. Diniz

Ora, para a mesa-redonda, tinham sido convidados representantes de cada uma das magistraturas, da advocacia, dos oficiais de justiça e do Conselho da Revolução. O pluralismo parecia, também aqui, assegurado. As filiações ou conotações atravessavam todo o leque partidário e ultrapassavam-no até, pois um dos participantes, aliás geralmente estimado, era tido por ex-legionário.

Apesar disso, já na fase de debate, bastou que um membro da mesa, representante do Conselho da Revolução, lançasse uma determinada questão para que a assembleia se incendiasse e alguns magistrados rompessem estrondosamente com a sua suposta compostura.

E a questão era:

«De onde vem a legitimidade dos juízes?»

Quase trinta anos depois, confio no instituto da prescrição para assumir que fui eu, em larga medida, o responsável por este incidente.

A história conta-se em meia dúzia de palavras.

Antes de aceitar o convite, esse membro do Conselho da Revolução, a exercer, ao tempo, um elevado cargo na hierarquia militar, informou que gostaria de trocar impressões connosco. Deslocámo-nos ao seu gabinete e, numa conversa cordial, o nosso convidado divagou sobre a sua condição militar para concluir que, tendo um grande respeito pelos tribunais, não era matéria da sua especialidade. E que, por isso, não sabia rigorosamente o que dizer.

Retorqui que o que se lhe pedia era a sua perspectiva de cidadão.

Parecendo agora mais afoito, o nosso interlocutor avançou:

«Aí é como cidadão?...Como cidadão, já me tenho perguntado de onde vem a legitimidade dos juízes, uma vez que não são eleitos».

Saudei, de imediato, a propriedade da questão e o seu interesse para o debate.

O resto, já conhecem...

Falta dizer que este evento desencadeou uma tempestade de protestos, causou-nos dissabores e, não fosse a conferência de D. António Ferreira Gomes, dificilmente poderíamos aspirar a voltar a ter casa cheia numa iniciativa em que tanto tínhamos apostado. Ficámos ainda a dever à presença de D. António Ferreira Gomes o facto de não se ter consumado a tentativa de *excomunhão* que sobre nós foi lançada.

Mas o estágio não era uma solução definitiva.

Ainda antes de terminado, generalizara-se a convicção de que a sua precariedade se acentuara em contacto com a realidade. Sugerimos, na circunstância, ao Ministro da Justiça que se iniciassem estudos com vista a uma solução definitiva, eventualmente com o apoio do Conselho da Europa.

O Conselho da Europa indicou quatro países de referência que vieram a constituir os lugares da nossa peregrinação: França, Holanda, Itália e Suécia.

A indicação destes países fundara-se em que eles representavam estádios diferenciados no problema da formação de magistrados.

Efectivamente, o único país que possuía um sistema institucionalizado era a França.

A Escola Nacional da Magistratura era, já então, uma instituição adulta, bem diferente da que Michel Debré instalara em Paris e, mais tarde, deslocara para Bordéus, segundo uns, para subtrair os futuros magistrados às buliçosas noites da capital, segundo outros, por razões de descentralização ou de origem.

O retrato que pudemos fazer mostrou-nos uma espécie de *escola prática*, oscilando entre as concepções gaullistas de *autoridade judiciária* e a abertura a novas disciplinas reclamada por correntes sindicais. Recordo-me de ter perguntado ao director da escola que espaço reservava à sociologia e de ter obtido, com um sorriso cúmplice, esta resposta:

«Ah, pois, sociólogos... sim... uma ou duas vezes por ano!».

CEJ: sala de convívio, pormenor.
Fotografia de José L. Diniz

Na Holanda, estava em fase de instalação um centro de estudos judiciários. Assistimos, em Delft, a acções de formação, em que ainda predominava o improviso mas em que eram notórias a selectividade do recrutamento e a orientação para o estudo de casos e para o treino de actos judiciais por simulação.

Já em Itália, pareceu-nos que a formação se continuava a centrar no comentário magistral de textos jurídicos e em trabalhos de grupo. É certo que, em 1958, se tinha criado a Academia da Magistratura com o objectivo de organizar cursos para auditores. Mas a iniciativa parecia mal ter arrancado. Numa das sessões em que participámos, um juiz de segunda instância comentava arrastadamente artigos do código de processo civil, com perguntas dos auditores que nos pareceram corresponder, sobretudo, à vontade de não deixar má impressão. Quando fomos convidados a pôr questões, perguntámos se as actividades incluíam deontologia e ética profissional e uma jovem e azougada auditora dissipou, de vez, as nossas dúvidas, respondendo:

«Era o que faltava!... Quando viemos para isto já tínhamos a nossa ética!».

Na Suécia, em que a magistratura estava pouco profissionalizada, privilegiava-se a formação contínua, com iniciativas que, com frequência, provinham da universidade ou dos corpos judiciais.

Não regressámos desta Europa com os bolsos cheios.

Mas viemos, pelo menos, com algumas ideias sobre o que não se deveria fazer.

No início de 1977, os trabalhos preparatórios dos diplomas de organização judiciária estavam avançados. Mas algumas deficiências reconhecidas ao sistema de estágios e, sobretudo, a *extrema carência* de magistrados, obrigaram a rever a legislação. Foi publicado o Decreto-Lei nº 102/77, de 21 de Março, que tinha de particularmente inovador a exigência de testes de aptidão profissional para o ingresso no Ministério Público.

Pela primeira vez, o que mostra que o primeiro estágio tinha deixado rasto, reconhecia-se a pertinência de disciplinas não jurídicas. Ao lado de questões práticas de direito, incluía-se, na fase escrita, uma composição sobre «temas sociais, culturais e de política geral». A fórmula «política geral», intencionalmente vaga, fora produto de um árduo trabalho de ponderação e acabara por ser deixada ao prudente critério do júri.

Iniciadas as reformas da justiça, a questão da formação de magistrados deveria decorrer do modelo de organização judiciária e foi das últimas a ser equacionada.

Para melhor compreendermos o contexto, é de utilidade revisitar as tendências que estiveram na base das leis de organização judiciária.

Em primeiro lugar, as correntes que se tinham feito sentir na assembleia constituinte.

Os projectos e debates parlamentares que deram lugar à Constituição de 1976 reflectiram, quanto à justiça, uma dualidade de pensamento.

De um lado, a posição dos que reconheciam a justiça como espaço de neutralidade, em homenagem ao princípio de separação de poderes, mas que não davam importância a exigências de identidade nem, muito menos, de cultura judicial. Para estes, um sistema aberto e pouco entretecido seria mais influenciável pelos valores dominantes e estaria mais atento à mudança, facilitando a decisão política.

Do outro lado, os que a olhavam a justiça como um verdadeiro pilar de soberania, com os seus atributos e também com a sua identidade e cultura. Uma identidade e uma cultura alicerçadas em princípios e valores que acompanhavam as noções de democracia e de direitos fundamentais segundo determinados modelos históricos. A justiça seria, neste entendimento, uma actividade neutra como função operativa, mas, numa linguagem já próxima das instituições, um poder animado por uma certa ideia de missão.

No seio das magistraturas, esta dualidade traduzia-se por uma ainda maior diversidade de tendências. Distinguiam-se, nos magistrados, os que persistiam em concepções estritas e quase sacerdotais das funções, os que militavam no legalismo e na técnica pela técnica, os que, valorizando o seu papel de agentes da mudança, acreditavam na engenharia social e os que vacilavam ou cediam perante as miragens do uso alternativo do direito.

Nestas condições, as reformas adivinhavam-se tecnicamente complexas, o campo social pouco homogéneo e a decisão política determinante.

As leis de organização judiciária vieram a adoptar soluções que recolhiam a ideia de soberania e os princípios identitários atrás referidos.

Era a vez da formação.

Uma das referências mais constantes que se podiam tirar do trabalho produzido pelas Comissões de Reforma Judiciária que funcionaram a partir de 1974 era a da necessidade de criar uma «Escola da Magistratura».

Porém, dois ou três anos depois, eram evidentes os efeitos da aceleração histórica e tornavam-se magros os consensos. O envolvimento de um número muito elevado de magistrados nas acções de selecção e formação mediante estágios como que democratizara a gestão e o poder. E eram muitos os que não queriam mudanças, temendo que se alterasse a correlação de forças.

Erguiam-se, agora, vozes autorizadas no sentido da manutenção dos estágios.

As resistências surgiram também de sectores políticos.

A proposta de Lei Orgânica dos Tribunais discutida na Assembleia da República, no Outono de 1977, continha uma disposição que previa a criação do Centro de Estudos Judiciários mas que caiu por iniciativa do Partido Comunista Português, apoiado pelo Partido Social Democrata.

Era tempo de preparar um projecto.

Às fontes a que já aludi (França, Holanda, Itália e Suécia) viria a juntar-se uma outra que não tinha sido tida em conta e que, compreensivelmente, o Conselho da Europa também ignorara: a Espanha.

Efectivamente, sendo a Escola Nacional da Magistratura de Bordéus, instituída, em 1958, então com o nome de Centro de Estudos Judiciários, uma espécie de protótipo de selecção e formação de magistrados, não foi sem surpresa que se soube que uma Lei de 26 de Maio de 1944 criara, em Espanha, a Escuela Judicial, antecipando, com outro fôlego, os modelos de formação.

Dependente do Ministério da Justiça e incorporada na Universidade, a Escola espanhola destinava-se a formar juízes e agentes do Ministério Público.

As sugestões fornecidas pelo Regulamento que desenvolveu aquela Lei eram interessantes, logo quando, entre os objectivos da instituição, se previa o de manter *comunicação* com os antigos alunos, assistindo-os na informação necessária, no empréstimo de livros e revistas e em trabalhos de assessoria. Também em matéria pedagógica, a Escola reflectia ideias arrojadas. Propunha-se, paralelamente a disciplinas práticas, ensinar metodologia jurídica, sistemas jurídicos comparados, deontologia, idiomas e técnicas de administração de justiça e de aplicação do direito. E não esquecia as actividades de extensão, incluindo a cultura física.

Um Regulamento de 27 de Janeiro de 1968 consolidaria este discurso, ao enquadrar, nas disciplinas formativas, a sociologia judicial.

Era paradoxal reconhecer, nestes diplomas, a assinatura de Francisco Franco.

Alguns contactos revelariam, mais tarde, que a Escuela Judicial oscilou entre períodos de vitalidade e de crise. Nem é difícil imaginar estes sobressaltos e soluções de continuidade, ao longo dos anos, facilmente explicáveis pelo antagonismo essencial que parecia existir entre o pensamento normativo e a realidade sócio-política.

Mas como estrutura, aquela Escola constituía indubitavelmente um caso de estudo.

Nessa altura, entre nós, tinha já sido feita uma escolha quanto à organização das duas magistraturas.

Optara-se por uma profissionalização quase completa, ficando o recrutamento lateral praticamente limitado ao Supremo Tribunal de Justiça.

Apresentavam-se então ao legislador, em sede de formação de magistrados, alguns pressupostos e objectivos.

Antes de mais, partia-se de uma situação com características muito peculiares.

Com efeito, no Estado Novo, o que se podia apelidar de *sistema judicial* era constituído por um *aparelho administrativo* relativamente reduzido, logo a começar pelo número de magistrados que, contados os juízes e os agentes do Ministério Público, se situava entre os quatrocentos e os quinhentos.

Referimo-nos à jurisdição comum, pois só aqui era possível distinguir traços do judiciário como poder.

Ao lado desta jurisdição, havia as auditorias administrativas, os tribunais fiscais e os tribunais de trabalho, organizados separadamente, com estatuto e recrutamento próprios.

Na organização das competências dos tribunais comuns, o regime procurara evitar as questões de poder e de autoridade e as questões sociais, entregando-as àquelas jurisdições especiais.

E, em matéria criminal, obtivera idêntico resultado, concentrando nos tribunais plenários o julgamento dos crimes contra a segurança do Estado e protegendo os agentes da autoridade com a garantia administrativa.

Os tribunais comuns gozavam, assim, de uma independência exercida substancialmente à margem das questões de poder.

Quanto à estrutura da magistratura, numa abordagem sociológica publicada a seguir à Revolução, o juiz Flávio Pinto Ferreira chamava a atenção para o número significativo de magistrados que tinham frequentado o seminário.

Estas condições teriam que reflectir-se na cultura prevalecente na magistratura.

Sendo difícil estabelecer o peso específico de cada um dos factores, eles explicavam um corpo de magistrados mais sensível às dimensões técnicas que às dimensões político-culturais. Por idênticas razões, podia falar-se, em termos comportamentais, de uma magistratura respeitadora da ética da profissão mas pouco informada e interessada sobre as questões de Estado.

Já no campo do direito, podia dizer-se que os estudos de ciência política não tinham acompanhado a evolução verificada noutras disciplinas, havia que reconhecer que, nestas, o que se ensinava e produzia estava ao nível do que melhor se fazia noutras universidades europeias.

Ao contrário, porém, do que acontecia noutros países, a jurisprudência desempenhava um papel limitado como fonte de direito, revendo-se ela própria excessivamente na doutrina.

Não raro, a excelência dos magistrados avaliava-se pelo número de citações.

E, no que respeita ao processo, os tribunais repercutiam polémicas de escola, contribuindo para o desenvolvimento desta disciplina mas também empolando a importância das questões processuais, o que reforçou o espírito formalista e conduziu a uma jurisprudência em que avultavam decisões de instância, em detrimento de decisões de mérito.

Nos objectivos que se assinalavam ao Centro de Estudos Judiciários, o primeiro era o de responder com celeridade a uma crise quantitativa.

De facto, em resultado da paralisação dos concursos de entrada e do aumento exponencial de processos, os quadros de magistrados estavam em ruptura.

Para agravar a situação, a reforma introduzida no mapa judicial tinha produzido efeitos perversos. Refiro-me à criação de um número muito considerável de lugares. A reforma justificava-se mas provocou um movimento judicial com uma extensão inusitada. Aconteceu que o Conselho Superior da Magistratura colocou mecanicamente, nas vagas abertas, os juízes que as requereram, destapando inúmeras comarcas da malha suburbana, nomeadamente da grande Lisboa e do grande Porto. A partir daí (e, ao que parece, com carácter definitivo...) o défice de magistrados foi traduzido em três dígitos.

Igualmente importantes eram as exigências técnico-científicas.

A Universidade estava a deixar que se aproximassem do mercado de emprego licenciados mal preparados ou que, tendo beneficiado de *passagens administrativas*, não possuíam propriamente curricula. Recordo-me de, no primeiro estágio, perante a verificação de que um candidato denotava preocupantes lacunas de conhecimento de processo penal, ter recebido do próprio a explicação de que, nessa matéria, a única coisa que tinha feito na faculdade era um trabalho de grupo sobre o júri.

A formação teria que partir de bases jurídicas sólidas mas parecia condenada a exercer, durante um curto lapso de tempo, algum papel supletivo. Em todo o caso, haveria que não cair na tentação de transformar as actividades do Centro de Estudos Judiciários em cursos teóricos ou de pós-graduação.

Não menos importante era evitar-se uma metodologia propícia à imposição ou sugestão de modelos profissionais.

Não se tratava apenas de uma questão de pluralismo.

Era a necessidade de que os formadores não tendessem, como é comum em carreiras estratificadas, a reproduzir a ordem estabelecida, através de um discurso repleto de dogmas, de ideias feitas e de experiências virtuosas.

O problema político e ideológico estava também no centro das preocupações.

Um dos motivos que tinham levado o legislador a consagrar uma ampla autonomia para as magistraturas era o de evitar a partidarização. O que sobrara do regime anterior (uma magistratura em que cada um exercia solitariamente funções de carácter estritamente técnico) iria gradualmente dar lugar a uma massa de magistrados filhos da Revolução, chamados a intervir numa sociedade aberta e, por isso mesmo, necessariamente interpelados pelo compromisso democrático e pelos novos dinamismos sociais.

O Centro de Estudos Judiciários não deveria ser um espaço ideológico.

Mas podia ser tudo menos um espaço sem ideologia.

Esta dialéctica exigia freios e contrapesos e uma organização dotada de suficientes laços com a Universidade, ligada ao poder político e fortemente participada.

Em idêntica perspectiva, era fundamental a presença da cultura.

Convém referir que foi nesta matéria que nasceram e perduraram determinados equívocos, alimentados por representantes das magistraturas e da advocacia que, alheios a princípios de comparabilidade, acreditavam que um despacho saneador valeria sempre mais que uma peça de Brecht.

O propósito do legislador era bem simples.

Que o Centro fosse capaz de incutir nos formandos uma noção exacta do que a sociedade deles esperava ou, dito de outra maneira, do que

CEJ: terraço voltado a nascente, sobre Alfama e o Tejo. Fotografia de José L. Diniz

eles necessitavam para responder a exigências da profissão. Em síntese, estava em causa fornecer aos auditores um conjunto de referências e de ferramentas culturais que não os deixassem ficar prisioneiros de uma determinada pré-compreensão dos factos sociais.

Procurava igualmente o legislador que, na dicotomia selecção/formação, o Centro de Estudos Judiciários rodeasse de especial rigor o concurso de entrada para, depois, poder realizar a formação num ambiente o mais possível distendido que favorecesse a aprendizagem, o enriquecimento da personalidade e a detecção de inaptidões ou de disfunções vocacionais.

Mas outras expectativas se suscitavam:

Em primeiro lugar, a de que o Centro não privilegiasse o *saber fazer* despojado de qualquer sentido crítico e de toda a perspectiva de fins, como começava a ser defendido por um crescente número de *pragmáticos*.

Mas, em contraponto, que o Centro não negligenciasse o *saber fazer* em nome do intelectualismo ou do novo-riquismo ideológico.

Em segundo lugar, que o Centro não perseguisse fórmulas acabadas, antes praticasse uma humildade sustentada em objectivos facilmente assimiláveis, como o de preparar magistrados conhecedores da Constituição e dos instrumentos internacionais sobre direitos humanos, capazes de aplicar o direito no contexto social e cultural em que surgem os conflitos.

Em terceiro lugar, que a formação fosse entendida como um exercício de cidadania dirigido ao aprimoramento cívico e profissional e não como mero instrumento de habilitação para o emprego.

Finalmente, como corolário de todos estes objectivos, que a ideia de poder fosse analisada menos como atributo da soberania e mais como fonte de responsabilidade, preparando homens e mulheres para porem o direito ao serviço da comunidade, numa sociedade democrática, pluralista e complexa.

A elaboração da proposta de lei relativa à criação do Centro de Estudos Judiciários foi iniciada com o I Governo Constitucional (do Partido Socialista) e ultimada pelo II governo Constitucional saído de uma coligação entre o Partido Socialista e o Centro Democrático e Social.

O processo legislativo foi deveras curioso.

Derrubado o II Governo Constitucional, tomou posse um governo de iniciativa presidencial chefiado pela Engenheira Maria de Lourdes Pintassilgo.

A criação do Centro de Estudos Judiciários incluía-se nas medidas previstas para cem dias.

O que, como se verá, não ajudou à discussão do diploma.

É importante esclarecer que o texto anexo à proposta de autorização legislativa retomava quase integralmente o projecto de lei apresentado pelo Partido Socialista na vigência do governo anterior.

Mas tanto o governo como as estratégias partidárias tinham, entretanto, mudado. No parlamento, respirava-se já um ambiente de fim de ciclo, com um ou mais partidos a fazerem tudo para que não chegassem ao seu termo os cem dias das medidas prometidas.

Neste contexto, a discussão da proposta de autorização legislativa tornou-se motivo de perplexidade, com partidos que pareciam estar de acordo com o diploma a manifestarem oposição e partidos que se lhe haviam oposto a viabilizarem a aprovação.

O Partido Socialista, pela voz de Salgado Zenha, declarou a sua posição favorável e o Partido Comunista, embora discordando, absteve-se. No restante, as intervenções situaram-se entre o aplauso de Olívio França (Independente) que via no projecto «um profundo acto de intervenção nas estruturas judiciárias, com o sentido não só de arejar a atmosfera em que tem funcionado a nossa magistratura como ainda (de) dar-lhe as possibilidades (...) de uma resposta saliente aos complexos problemas que surgiram com a revolução portuguesa e a conquista das liberdades democráticas» e a oposição frontal do Centro Democrático Social. Para este Partido, nas palavras do deputado João Morgado, o Cento de Estudos Judiciários constituía «mais um dos muitos institutos que as formações marxistas disseminam pelo aparelho de Estado, burocratizando-o e agravando desnecessariamente o gigantesco deficit orçamental e criando chorudos cargos destinados a pessoas da sua confiança política». O Partido Social-Democrata votou contra mas via-se da declaração do deputado Menéres Pimentel que a oposição era essencialmente de índole política. Para este deputado, a proposta aparecia «como uma tentativa de fazer retardar imediatamente a dissolução da Assembleia e a realização de eleições».

Por ironia do destino, Menéres Pimentel viria a ser o ministro da justiça que, com mais entusiasmo e ambição, dinamizou o Centro de Estudos Judiciários.

No uso da autorização legislativa, foi aprovado o Decreto-Lei nº 374-A/79, de 10 de Setembro, que criou o Centro de Estudos Judiciários.

O processo de instalação foi rápido e, nesse momento, enquanto a poeira continuava a assentar no mundo da política, o consenso progredia no meio judicial.

Quando Laborinho Lúcio assume a direcção da Escola, depois de uma experiência bem sucedida como Director de Estudos, podia dizer-se, com fidelidade ao legislador histórico, que tinha sido realizado o *tipo normativo* de director.

Mas Laborinho Lúcio não ficou refém das normas.

Esteve atento aos sinais dos tempos e, sem necessidade de grandes alterações legislativas, fez evoluir o Centro de Estudos Judiciários num sentido não meramente auto-referencial, convertendo-o numa instituição viva, em que cada auditor podia, como cidadão, testar e desenvolver as suas aptidões.

Este testemunho pertence já, todavia, à história do Centro de Estudos Judiciários.

O tema de que me ocupei foi outro. Falei desta instituição como projecto. Das contingências, das ideias e dos mitos.

Esteve o Centro de Estudos Judiciários à altura das suas responsabilidades?

Independentemente das continuidades e rupturas que aconteceram na sociedade portuguesa e do modo como o legislador as ignorou ou interpretou, os magistrados que saíram desta casa tiveram o privilégio mas também o ónus de actuar numa sociedade revolucionada em sectores vitais, como foram o pensamento e a acção política, o Estado, a economia e a comunicação.

O projecto dos anos setenta, analisado à luz da evolução verificada nas democracias ocidentais, particularmente na Europa, parece manter-se válido em muito do seu travejamento jurídico-cultural.

O que não exclui que não seja necessário retomar globalmente a questão do recrutamento e da formação de magistrados.

Ela ganhou actualidade, inserida no debate mais amplo que se abriu sobre a justiça. Ainda que nem sempre disso haja consciência, não se trata apenas de um debate sobre um problema de organização do Estado. É, em rigor, um debate sobre a transição de paradigmas sócio-culturais.

Também por isso, a importância do tempo fundador não é apenas histórica.

É de método.

Importa saber se os objectivos e as dinâmicas que estiveram na origem do Centro dos Estudos Judiciários foram cumpridos ou sofreram desvios.

A evocação destes vinte e cinco anos é uma boa oportunidade para este balanço.

JORGE LISTOPAD
ANTÍGONA NO CEJ

MAL SABIA QUE, AO SAIR, o anónimo Decreto-Lei[1] pudesse veementemente impressionar e renovar o que se chama *meu currículo*, neste caso o curriculum vitae artístico e pedagógico e provavelmente desviar um pouco do eixo a minha doutrina teorética e prática do teatro; como se sabe, o teatro é constantemente socializado e des-socializado durante a sua subjectiva e objectiva história.

Voltando ao princípio: geralmente, sendo contra o *semi-funcionalismo* dos convites *semi-oficiais*, acreditei, desta vez imediatamente e sem reflexão, sem cálculo e sem prudência de uso, na amável *convocação* directa do primeiro director do CEJ, cujos títulos académicos e outros que me seja permitido aqui omitir, pela amizade remota com a qual escrevo o que se segue, então, Laborinho Lúcio, para ajudá-lo, eu, homem de teatro e cultura, em possível proveito dos futuros magistrados à procura de si. O contexto amigável e de respeito mútuo, mas também devido ao tempo político, fez-me, pois, aceitar rápida e empolgadamente. Assim, começou a colaboração de cerca de uma dezena de bons anos lectivos, numa visão original, sem modelos, sem convenções anquilosadas, num universo nem doméstico nem alienado, ao qual se chegou.

No princípio era eu, sozinho, com a tentativa de religar os conhecimentos e interesses mútuos, culturais e jurídicos, à procura de certas características em comum, diria, uma *dramaturgia* de denominadores comuns tendo em vista a alternância de dois mundos; estes, o teatro e a magistratura, atendendo naturalmente ao sistema do tempo novo. Era tempo, democraticamente apostando sem inúteis equívocos, mas sem evitar distinguir as naturais diferenças de origem e de caminhos percorridos. Da cultura culta e do direito legal. Quis, programaticamente, abrir aos futuros magistrados primeiramente o tema do *meio ambiente*, ao qual, obviamente, a cultura tal como a lei são mais sensíveis, por assim dizer, estão à escuta; mas igualmente não recusei, ou pelo contrário, chamei a atenção, para o espírito do verbo, para o peso da palavra, para o corpo lexical, idem para outro corpo, o corpo emotivo das futuras células vivas do sistema jurídico. Mais tarde – sem que se tivesse notado muito – por causa da extensão e de certo aprofundamento da matéria, convoquei colaboradores de fora para nos ajudarem. Criaram-se novos aspectos e novos interesses espontâneos assinalando, por vezes, ao de leve, as passagens processuais, não se excluindo

CEJ: auditório, pormenor.
Fotografia de José L. Diniz

nenhum dos elementos hipotéticos, isto é, interessando-se, mais simplesmente do que hoje descrevo, à *interacção* e sua permanência em devir. As lições eram dinâmicas. Mais tarde, ainda consegui, com essa rede de comunicação, ligar a Escola Superior de Teatro e Cinema (da qual nesses anos era Presidente da Comissão Instaladora), sobretudo o seu sector de Teatro. Era o enriquecimento mútuo constante: duas escolas - de teatro e de estudos judiciais -, de diferentes possibilidades, virtualidades e pelo menos aparentemente dos vários fins. Doutor Frankenstein e seu futuro juiz no mesmo espaço de atelier. O juiz suspeito d' «A Bilha Quebrada» e os futuros actores da peça místico-jurídica do mesmo Kleist no banco comum.

Evidentemente, aprendemos nessa dupla mútua passagem intercambial que o teatro, na sua essência, é a *metáfora do conflito*, e a justiça em forma de quinta-essência da magistratura não se isola dessa essência, pelo contrário – são vasos, às vezes até rigorosamente comunicantes. Por outro lado, se a Antígona de Sófocles representa ao mesmo tempo o proto-teatro e o proto-processo, aliás, uma entre dezenas de outras posteriores heroínas com esse nome, Antígonas que, em geral, mataram e matam o destino cego, aquele sem dialéctica, aquando a de Sófocles apresentada nas salas do CEJ, seguida de discussão pública durante dois dias (!), com participantes de ambas as escolas, ficou provado que a temática funciona e mutuamente se ilumina.[2] O espírito teatral contingente do existencial, virtualmente político, regenera em humanidade a sociedade em processo. Quem inventou o quê? A utopia criou a arte ou a utopia criou a sociedade? Quem formou o conhecimento, o co-nascimento? Quem é o apostador?

Estranha empresa era a *nossa* e o termo é abrangente. Vejamos de mais perto. O CEJ, a escola oficial sem recursos apropriados, e igualmente sem equipamento cultural no sentido alargado do termo, chamou a si outra rede, discreta mas eficaz, na sua complementaridade. Outra rede? Outra zona de pensamento? Apenas desdobrando o pensamento jurídico ou também, já falando como George Steiner, de outra «teologia»: *o pensamento dissidente*. Seja como for, seja como lhe chamemos, devida ou indevidamente, o ensino de teatro e da cultura culta permitiu, de modo intenso embora em grau variável, uma fulgurante ligação. Segundo ela, a dita dissidência da nomenclatura pertencente ao CEJ, isto é, da cultura artística, mas também a circulação de *outras* informações, importantes características temáticas não-afins, o gosto pela óptica do seu tempo, no interregno dos privilégios, pudesse ou talvez devesse funcionar no coração de outro estatuto.

Belo clima, é o menos que hoje posso escrever, honrosamente convidado a participar neste livro de prestígio, no âmbito das comemorações do aniversário do CEJ. Que a nossa experiência seja chamada *off* ou de estatuto de *outsider*, nunca verdadeiramente e profundamente descentralizou. Deu apenas ao termo *Centro* uma camada suplementar de sentido... Repito então, belo clima. Pelo menos assim me apraz dizê-lo. Sabemos: nada se repete. Todas as potenciais repetições esperam as metamorfoses à procura de *aberturas*. A verdadeira origem dessas aberturas está frequentemente nas feridas, dito por outras palavras, saúdo aqui a feliz vulnerabilidade dos homens e das instituições. A cultura é o seu subversor, interventor: a sua fábula.

Gostaria ainda de recordar, sem avaliar, o currículo do microcosmos dos trabalhos concretos. Nós, artistas quase residentes, semanalmente, durante alguns anos que se seguiram, em esforço interessado, comunicámos aos magistrados *in spe*, também as coisas comezinhas e aparentemente banais tais como simplesmente andar, entrar, estar, respirar correctamente, sentar-se, saber falar e dizer, trocar informações; mas também enformar, abordar analiticamente o que emerge do codificado. Oferecemos, no sentido simbólico

CEJ: interior da sala de convívio.
Fotografia de José L. Diniz

e com as forças que possuímos, até que ponto a cultura não necessita *a priori* de desconfiança; naturalmente, ela contém a sua técnica particular de partilhar os seus frutos, sem menosprezar a sua superestrutura, se se quiser, a ideologia.

A cultura auxilia sendo ajudada; sem ela a real situação da humanidade é defeituosa. Humanidade? Sim. Também aquela que é debatida nos tribunais, nos notários, nos percursos e confrontos banais, na resistência às hegemonias quer de maiorias quer de minorias.

A sociedade forma os actores. Nenhuma alteração pode radicalmente complicar ou neutralizar ou até dissolver o axioma. Não se trata evidentemente da forma tradicional de actores e de actuar. Naqueles felizes anos do CEJ, dentro do comportamento inalienável, criámo-nos mutuamente. Fomos, por certo, uns tempos neste domínio, actores, actuantes, actuantes simbólicos mas felizes.

NOTAS

[1] Decreto-Lei nº 714/75, instituindo sistema de estágios como forma de recrutamento e formação de magistrados que, por sua vez, fez nascer outro Decreto-Lei, quatro anos mais tarde.

[2] *Antígona* foi uma das peças de teatro *jurídicas* apresentadas naquelas ocasiões no CEJ. Entre outras, realizaram-se textos de Brecht, de Lorca, de Shakespeare, de António Patrício, de Gil Vicente, de António José da Silva, do esquecido Manuel Laranjeira, os processos de Joana d'Arc, de Camilo, etc., etc., numa dúzia de espectáculos (ou seus esboços) diferentes e outras improvisações, inclusive um happening, organizado com magistrados brasileiros e um evento misto com estagiários africanos.

HELENA PINTO JANEIRO
O LIMOEIRO E A ENCOSTA DA SÉ
IMAGENS DE HISTÓRIA URBANA

PARA MELHOR COMPREENDER as persistências e as transformações do tecido urbano da meia--encosta de face a sul da Colina do Castelo[1], onde pontuam a Sé e o Limoeiro, socorrer-nos-emos de um conjunto de iconografia urbana e de carto-grafia de várias épocas que cruzaremos, sempre que pertinente, com fontes escritas. Concentrar--nos-emos no eixo urbano compreendido entre os actuais Largo de Santo António da Sé, Largo da Sé, Rua Augusto Rosa, Largo de São Martinho, Rua do Limoeiro e Largo de Santa Luzia.

1. O EIXO URBANO DAS PORTAS DO FERRO ÀS PORTAS DO SOL NA ICONOGRAFIA E CARTOGRAFIA PRÉ-TERRAMOTO DE 1755 E NO TOMBO QUE SE LHE SEGUIU

O conjunto de vias entre as portas do Ferro (onde hoje se abre o Largo de Santo António da Sé) e as portas do Sol (situadas entre os actuais Largo de Santa Luzia e Largo das Portas do Sol) consti-tuía o principal eixo de atravessamento da Lisboa medieval, articulando o castelo com a baixa e o rio e a cidade com os seus arrabaldes. Esse eixo logrou manter a sua vitalidade mesmo quando estas deixam de ser portas da cidade e passam a situar-se em pleno miolo urbano, com a construção da cerca fernandina no séc. XIV. A progressiva relevância da frente ribeirinha de Lisboa, num processo que ganha uma expressão considerável já no séc. XIII[2] e que é consagrado na época da expansão marítima, também não afecta demasia-damente a vitalidade da meia encosta de que aqui nos ocupamos, até porque lhe está muito próxima geograficamente, aproveitando do fervilhar de actividades da frente-rio e todos os equipamentos, infraestruturas, casas e palácios que tornam a frente-rio no local mais dinâmico da cidade.

Como encosta virada ao rio que é, aparece em pleno em toda a iconografia urbana de Lisboa da primeira metade de Quinhentos, que apresenta sempre a cidade vista a partir do Tejo. Em plena meia encosta, do casario compacto sobressaem dois monumentos: a Sé e o Paço de S. Martinho (Limoeiro). É o caso das iluminuras que se encon-tram no Museu Condes de Castro Guimarães e na *British Library* e do desenho depositado na Biblio-teca da Universidade de Leiden[3]. Se nas primeiras duas o impressivo pináculo do Paço de S. Martinho parece estar *colado* à muralha nascente da cerca velha, nomeadamente à Porta do Sol, a última,

Nas páginas anteriores: O Limoeiro na
Colina do Castelo em ortofotomapa actual.
Câmara Municipal de Lisboa

Vista de Lisboa, com o Paço de S. Martinho,
atribuída a António de Holanda,
iluminura, primeira metade do séc. XVI,
Crónica de D. Afonso Henriques de Duarte
Galvão, Museu Condes de Castro Guimarães

desenhada com maior pormenorização e minúcia, apresenta ainda, após a «casa da relaçam e casa do limoeiro», com o seu soberbo pináculo e demais dependências que parecem aproveitar torres da cerca, um renque de casario até à igreja de S. Brás e Sta. Luzia, esta sim, contígua à Porta do Sol, no limite do eixo urbano que aqui analisamos. No limite poente do eixo, junto à porta do Ferro e antes da Sé, na iluminura da *British Library* vê-se um edifício que se destaca dos restantes, devidamente identificado no desenho de Leiden com a legenda «Igreja e casa em q(ue) naceo s(an)cto a(n)tonio q(ue) chamão de padua».

Antes de passarmos à análise das fontes cartográficas propriamente ditas, vale a pena determo-nos na vista perspectivada editada por Braunio, em voo de pássaro, que nos dá, a um tempo, dados sobre o casario e sobre a topografia[4]. Aí podemos ver, tridimensionalmente, os importantes equipamentos que marcavam o eixo urbano em estudo, em meados de Quinhentos. As muralhas da Cerca Velha, desprovidas da sua função defensiva, tinham-se tornado obsoletas e a porta do Ferro, com a sua barbacã própria[5], não é excepção. Tal não impede que, já sem barbacã e mesmo envolvida pelo casario, a antiga porta permaneça um marco arquitectónico e urbanístico. Sob o seu arco, continua a passar a via pública e sobre ele, um telhado em duas águas e uma cruz acolhe a capela de Nª Srª da Consolação (também conhecida por Casa de Sta. Maria da Porta do Ferro), onde a irmandade da Misericórdia se encarregava de providenciar a celebração da última missa dos condenados à morte, vindos do Limoeiro[6].

Casa da Relação e do Limoeiro, pormenor de *Vista Panorâmica de Lisboa*, anónimo, c. 1570, The Bodel Nijenhuis Collection, Biblioteca da Universidade de Leiden

Imediatamente a seguir, do lado esquerdo, a igreja e casa de Sto. António. A casa onde terá nascido o popular santo foi desde muito cedo local de peregrinação, tendo aí estado sedeado o poder municipal durante quatro séculos, até 1741[7].

A igreja de Santa Maria Maior ou Sé de Lisboa segue-se-lhe, do lado direito, com grande destaque, logo secundada pela igreja de S. Jorge, do mesmo lado da rua e, um pouco mais à frente, do lado oposto, as igrejas de S. Martinho e de Santiago. Fronteiro à igreja paroquial de S. Martinho, encontra-se o Paço Real da mesma invocação e, junto às portas do Sol, a igreja de S. Brás e Sta. Luzia. À excepção das duas igrejas junto às duas portas, uma pertencente à Câmara de Lisboa (a de Sto. António) e a outra à Ordem de Malta (S. Brás e Sta. Luzia), temos quatro igrejas sedes de outras tantas paróquias, quase todas elas constituídas no séc. XII, após quatro séculos de ocupação árabe. Encontramos, assim, uma sucessão de sedes paroquiais situadas no eixo urbano entre as duas principais entradas na cidade, muito embora esse eixo estivesse ainda longe de ter o traçado regular que hoje apresenta.

Era uma sucessão de ruas direitas (sendo que o adjectivo «direito» não significa regularidade de traçado, muito pelo contrário[8]) intercaladas por largos, junto aos adros das igrejas que vemos na mais antiga planta conhecida de Lisboa, levantada pelo arquitecto João Nunes Tinoco em 1650[9] e que, nesta zona da cidade, corresponde sensivelmente à malha medieval. Para além das seis igrejas, dois edifícios ligados ao poder político: a Câmara Municipal e o Paço de S. Martinho, tendo este último servido ao longo dos tempos de residência real, de casa da moeda, de sede de tribunais superiores (Casas da Suplicação e do Cível, Tribunal da Relação), de cadeias (da corte e da cidade). A sua importância tem reflexos na malha urbana, com a formação de um largo à sua frente, maior que qualquer dos pequenos largos

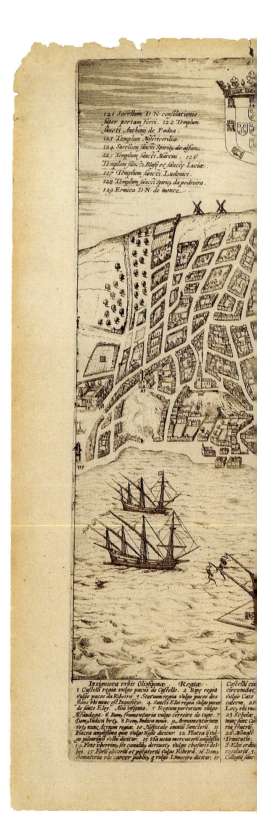

Vista de Lisboa, gravura em cobre editada por G. Braunio, 1598, a partir de desenho anónimo de c. 1555 – 1567, *Civitates Orbis Terrarum*, vol. V, Museu da Cidade, Câmara Municipal de Lisboa

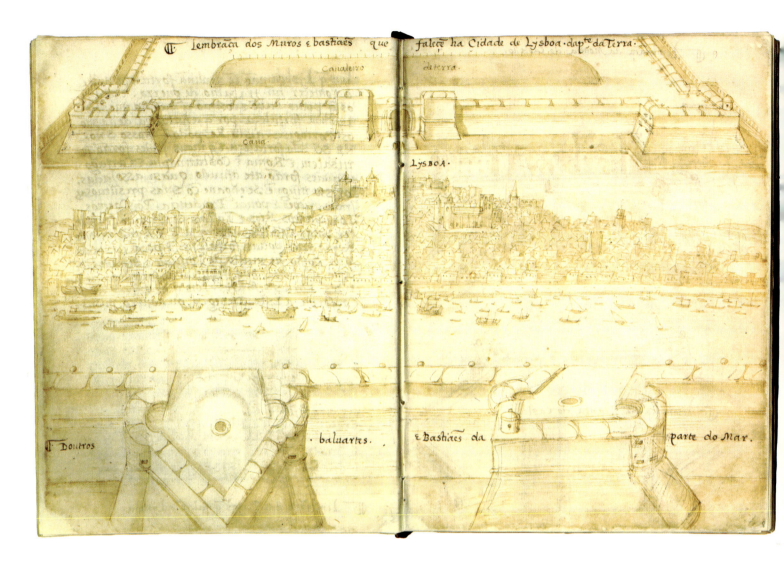

junto aos adros das seis igrejas do eixo urbano que aqui analisamos, se exceptuarmos o da Sé. A relevância topográfica dos largos da Sé e do Limoeiro corresponde inequivocamente à relevância das duas edificações que se destacam da mole do casario e mesmo de outros edifícios religiosos ou públicos já com alguma monumentalidade. O traçado urbano dessa sucessão de ruas e largos, ainda com a realidade anterior ao terramoto, é ainda o que vemos na planta na qual, um século mais tarde, são marcadas as muralhas ainda existentes da cidade: a «Planta com configuração de partes das fortificações antigas da cidade de Lisboa. 1761[10]». Ao traçado das muralhas da alcáçova, a norte, segue-se o das muralhas da antiga medina, com as suas portas principais

Panorâmica de Lisboa *in Da fabrica que falece ha cidade de Lysboa*, Francisco de Holanda, 1571, Biblioteca da Ajuda

claramente marcadas: a do Ferro e a do Sol. Claramente marcado, também, o troço da muralha da
Cerca Velha que, num pequeno troço, aparece
integrada no edifício do Limoeiro, o que confirma
a informação legível no desenho quinhentista de
Leiden, atrás analisado. Naquela planta de 1761
(reproduzindo, sublinhamos de novo, a malha
pré-terramoto), a área de implantação do edifício

do Limoeiro é muitíssimo expressiva, tanto que
merece, por parte do autor, uma legenda especí-
fica, sendo o único edifício civil de todo o interior
da antiga medina a merecer tal tratamento.

Se à análise do tecido urbano visível na iconografia e cartografia pré-terramoto quisermos
juntar os dados da toponímia, deparamo-nos
com algumas dificuldades. Na verdade, os topó-

A mais antiga planta conhecida
de Lisboa, João Nunes Tinoco, 1650
(cópia de Carvalho Júnior, 1884),
Museu da Cidade, Câmara Municipal
de Lisboa

nimos visíveis nas cópias que chegaram até nós da planta de 1650 (o original perdeu-se) foram acrescentados pelo general Pinheiro Furtado no séc. XIX[11], pelo que temos que nos socorrer de fontes escritas para corresponder à malha urbana desenhada por Tinoco. Existem algumas relações escritas e documentos de chancelarias e de cartórios paroquiais, estudados pelos olisipógrafos que se ocuparam desta área da cidade, para que iremos remetendo ao longo do nosso texto, mas deter-nos-emos sobretudo nos topónimos usados pelos funcionários da Casa da Suplicação que, sob a direcção do desembargador Bento da Costa de Oliveira São Payo,

Planta com a configuração de partes das configurações antigas da cidade de Lisboa, 1761, Museu da Cidade, Câmara Municipal de Lisboa

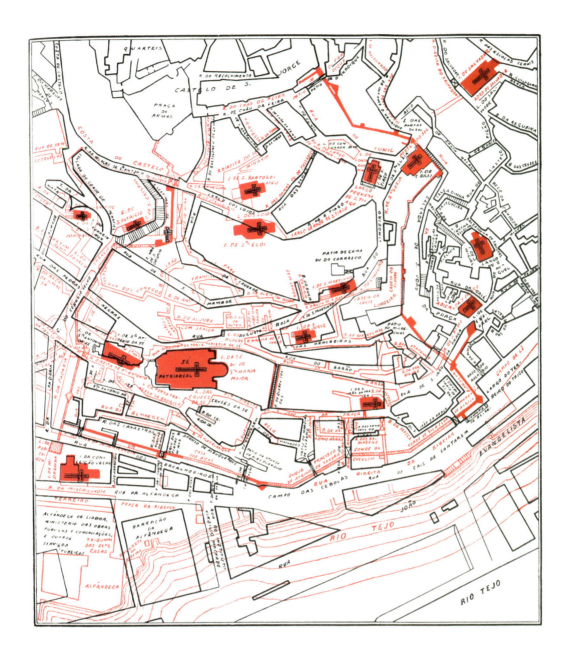

mediram e descreveram os arruamentos e casas do Bairro do Limoeiro entre 1756 e 1757, no âmbito do Tombo da Cidade de Lisboa ordenado pelo marquês de Pombal a seguir ao terramoto de 1755[12]. Estes têm a vantagem de corresponder a medições tendencialmente exactas, que permitiram já a Vieira da Silva fazer uma proposta de reconstituição da cartografia desta área da cidade em plantas publicadas no livro *A Cêrca Moura de Lisboa*, nomeadamente a Estampa III intitulada «Fragmento da planta topográfica de Lisboa que compreende a parte abrangida pela Cêrca Moura[13]» e na planta por ele desenhada para Edgar Prestage e Pedro de Azevedo[14].

Planta topográfica da área da Cerca Velha, tendo, a preto, a malha urbana de 1899 e, a vermelho, a malha no tempo do terramoto de 1755, A. Vieira da Silva, *A Cêrca Moura de Lisboa* (Estampa III)

Em alguma iconografia setecentista,
o Limoeiro não se destaca do casario
envolvente: vista panorâmica de Lisboa
no séc. XVIII, *Partida de São Francisco Xavier
para a Índia*, José Pinhão de Matos, atrib.,
Museu Nacional de Arte Antiga

Os funcionários do Tombo identificam cinco ruas direitas e seis largos com a seguinte sequência[15]: Rua direita de Santo António de Lisboa, Largo da Porta principal da Basílica de Santa Maria Maior, Rua direita da Porta travessa da Sé, Largo do Aljube, Rua direita de São Jorge, Largo da Porta principal de São Jorge, Largo da Porta travessa de São Jorge, Rua direita de São Martinho, Largo do Limoeiro, Rua direita de Santa Luzia e Pequeno Largo das Portas de D. Rodrigo de Noronha.

Entre «o Arco da Consolação», como era então conhecida a Porta do Ferro, e «o cunhal das casas de João Pedro Ludovici que estão de fronte do Adro da Basilica de Sancta Maria Mayor[16]», estendia-se a «Rua direyta de Santo Antonio de Lisboa», na continuação da Rua do Arco de Nª

Sra. da Consolação que vinha desde o actual Largo da Madalena. A largura da rua estava longe de uniformizada, desde logo pelo estrangulamento provocado pela persistência da antiga porta da cidade, local onde a via se iniciava com 14 palmos, passando para pouco menos do dobro (22), sensivelmente a meio da rua, e mais que triplicando no final, com 50 palmos, medidos «desde

o cunhal das ditas casas de João Pedro Ludovici athé o muro da Capella mor de Sancto Antonio».

Seguia-se-lhe o «Largo da Porta principal da Basilica de Sancta Maria Mayor[17]», e, já com o cunhal da Sé à direita e «as casas dos Herdeiros de Lucas da Silva Navarro[18]» à esquerda, se entrava na «Rua direita da Porta travessa da Sé[19]», cuja largura vai oscilando entre 21 palmos no início,

14 «Na meya distancia, defronte das casas de João Lucas Serrão»[20] e 20 junto ao Largo do Aljube, onde a rua acaba. Este largo, com um topónimo evocativo da cadeia aí situada, à época destinada apenas a eclesiásticos, tinha de largura 56 palmos e meio, medidos «dos Arcos da Varanda do Celeiro [da Mitra, situado imediatamente a seguir ao Aljube] até á porta do palacio do Arcebispo [contíguo à Sé][21]».

A «Rua direita de São Jorge[22]» ficava-lhe na continuidade, com larguras que iam de 17, 13 e, junto ao cunhal N. da frontaria da igreja de S. Jorge, 23 palmos. Junto a este iniciavam-se dois pequenos largos: o «Largo da Porta principal de Sam Jorge»[23] e, acompanhando a inflexão do eixo urbano para norte, o «Largo da Porta travessa de São Jorge»[24], com larguras que vão dos 23 aos 63 palmos.

Chegados à «Rua direita de São Martinho»[25], encontramos uma rua também de largura desigual que no início tinha 11 palmos, alargando para 16 no ângulo formado pelas «Casas de Don Diogo de Napoles junto a porta [da Igreja] de São Martinho»[26] e acabando com 21. Segue-se-lhe o «Largo do Limoeiro»[27] que, nas partes mais largas, oscilava entre 164 palmos, medidos da «parede da Igreja de Sam Martinho athe ao muro da Cadea da Cidade, junto ao patamar da escada», e 232, entre a «muralha da Cadea da Corte athé ao Canto das Casas dos Erdeiros de Dionizio de oliveyra e Vasconcellos que estão no principio da Rua Direita de Sancta Luzia». Nas partes mais estreitas, o largo apresentava medidas que iam dos 116 palmos, «desde o Anglo saliente das casas da Basilica de Sancta Maria Mayor, athé ao Anglo que forma a mediania da frente da dita Cadea da Corte», aos 106, «do d(it)o Anglo das Casas da Basilica, athé tocar o muro da Cadea da Cidade».

Passado o Limoeiro, e tendo à mão esquerda o «Pequeno Largo de Sam Tiago»[28], frente à igreja homónima, temos a última rua direita, a «Rua

Grande vista de Lisboa, séc. XVIII, painel de azulejos, pintura atribuída a Gabriel del Barco, pormenor. Museu Nacional do Azulejo

direyta de Sancta Luzia»[29], com largura, no início, de 27 palmos e meio, estreitando para 13 «Na parte onde a rua he mais estreita com o canto das casas da Viuva de Francisco Nunes Cardeal»[30], e acabando com 19, precisamente junto às Portas do Sol. À mão direita, encontramos o «Pequeno Largo das Portas de D. Rodrigo de Noronha»[31], junto ao adro da igreja de Sta. Luzia.

Temos então uma malha urbana pré-terramoto que, em parte considerável do seu percurso (de Sto. António até ao Limoeiro) estava longe de ser linear, sucedendo-se os estrangulamentos e as inflexões, em que o traçado urbano se adapta às idiossincrasias das edificações, e não o contrário. Isto apesar da consciência que tanto a autoridade real como a municipal tinham da urgência de alargar e regularizar um eixo urbanístico tão importante. D. Manuel I refere-se ao troço viário junto à Porta do Ferro como uma rua «de tamanho manco» que «tanto serve a gente para muitas partes»[32], tomando medidas legislativas para obviar a esse estrangulamento: a demolição da porta e das casas que lhe estão adjacentes «de forma que de hua banda e doutra fique detodo a dita porta despejada para melhor serventia da quella rua»[33], determinando pagamento de indemnizações aos proprietários afectados. Porém, como tantas vezes acontece com a legislação, o alvará de 1502 para o derrube da Porta do Ferro não chegou a ser utilizado, tendo a porta permanecido de pé mais 280 anos ainda[34].

Passados para cima de 150 anos sobre a incumprida legislação manuelina, o panorama continua a não ser o melhor, no que à regularização e desafogo da rede viária diz respeito, assunto que preocupa a Câmara Municipal que, em 1677, pede ao rei que autorize a demolição de umas casas na «rua direita que vem do Limoeiro para a Se», um pouco mais acima no eixo que aqui nos ocupa, por perturbarem a passagem do trânsito. Trata-se de «humas casas sahidas, junto à entrada do Beco do Bugio [antes da igreja de S. Martinho], das quaes é mui conveniente que se derrube a maior parte, porque sendo esta rua de muita passagem, e muito estreita, e cada dia há muitos embaraços em os coches, sejes e liteiras, porque, entrando-se a rua por qualquer das partes, se não vê quem vem de cima nem quem vae debaixo.».[35]

Curiosamente, nada é dito sobre o arco ou passadiço que ligava a tribuna da igreja de S. Martinho ao palácio do Conde de Vila Nova, do outro lado da rua, vizinho do Limoeiro, de cuja existência há prova documental em 1634[36]. No século seguinte, os funcionários do Tombo, que tão pormenorizadamente medem o Arco da Consolação, não fazem qualquer referência ao arco de S. Martinho[37], ou arco do Limoeiro, como é chamado pela historiografia tradicional que, desde Júlio de Castilho, afirma ter ligado, não o palácio do Conde de Vila Nova, mas o próprio Paço de S. Martinho ou Limoeiro à fronteira igreja de S. Martinho[38]. Luís Pastor de Macedo, que carreou para o seu estudo *Lisboa de lés a lés* fontes primárias, tentou resolver esta contradição aventando a tese de que entre a cadeia do Limoeiro e o fronteiro Pátio do Carrasco haveria um passadiço que comunicaria também com a igreja[39]. Acontece, porém, que a partir do Tombo por ele indicado como fonte a única conclusão segura que se pode retirar é que existia um arco que servia de passadiço à entrada do Pátio do Carrasco[40], do lado oposto ao Limoeiro e sem qualquer comunicação com este último[41].

Chegados às vésperas do grande terramoto de 1755, temos, em síntese, um conjunto de ruas e largos organizados em função dos pontos de referência medievais: as duas portas antigas da cidade, seis igrejas e dois edifícios civis públicos (o Aljube e o Limoeiro). Não deixa de ser revelador que, na toponímia como no tecido urbano, seja precisamente este último a excepção civil de relevo aos topónimos religiosos dominantes.

Igreja de S. Martinho, desenho de Luís Gonzaga Pereira, 1830, Códice 215, Biblioteca Nacional

x já

S. MARTNHO.

329.

Planta Topographica da Cidade de Lisboa arruinada... com projecto do novo alinhamento de Eugénio dos Santos e Carlos Mardel, 1758 (cópia de A. Vieira da Silva), Museu da Cidade, Câmara Municipal de Lisboa

PLANTA DA FREGUEZIA DA SÉ

Plantas das freguesias da Sé, de S. Martinho
e de S. Tiago, segunda metade do séc. XVIII,
José Monteiro de Carvalho, Instituto dos
Arquivos Nacionais/Torre do Tombo

2. AS MARCAS DO URBANISMO POMBALINO NA ENCOSTA DA SÉ

A conhecida «Planta Topographica da Cidade de Lisboa arruinada...»[42], de 1758, tendo sobreposta, sobre a malha antiga, o projecto do novo alinhamento de Eugénio dos Santos e Carlos Mardel, apresenta a encosta da Sé apenas com o traçado antigo. À primeira vista, o novo urbanismo iluminista parece passar ao lado desta zona.

Será, porém, pelas alterações ao corpo de igrejas que a extensão da malha urbana pombalina para a encosta da Sé é anunciada. As respostas dadas pelos párocos de Lisboa ao inquérito ordenado pelo rei em 1758 dão-nos alguns dados de medidas avulso tomadas para a regularização de pontos precisos do tecido urbano, aproveitando os efeitos do terramoto. É o caso da igreja de S. Martinho, cujas obras de reparação após o sismo tiveram consequências na malha urbana, tendo o prior aproveitado para

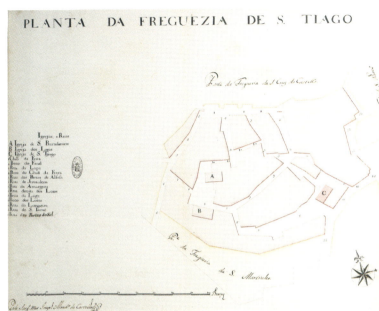

comprar e demolir umas casas que afrontavam a visão e o acesso à igreja[43]. Será preciso, porém, esperar pelo séc. XIX para que a malha urbana na zona do Limoeiro sofra uma regularização mais efectiva, ao contrário do que acontece junto à Sé, onde esse processo começa mais cedo.

Com efeito, datam de 1767 as primeiras medidas de D. José para reconstrução da igreja da Sé e da igreja de Sto. António. No caso desta última, a igreja é riscada de novo por Mateus Vicente de Oliveira (que, não por acaso, é arquitecto do senado) aproveitando a ocasião para alterar ligeiramente a sua implantação topográfica, de modo a permitir a regularização do traçado urbano e a criação de um novo largo, delimitado pela igreja e por prédios de rendimento pombalinos: o Largo de Santo António da Sé. Na «Planta da Freguezia da Sé» de 1770[44], este ainda não aparece, o que não admira visto que o Arco da Consolação (Porta do Ferro) só em 1782 é derrubado para abertura do largo,

pondo a descoberto lápides romanas que tinham sido reutilizadas na edificação da porta como material de construção[45].

Esta e outras transformações urbanísticas aparecem finalmente consagradas numa nova planta, desenhada perto de 25 anos após o terramoto, onde se vê quase um terço da área da encosta (no lado poente/sul, na continuação da Baixa pombalina) a receber um alinhamento urbanístico baseado nos princípios de racionalidade e ortogonalidade do urbanismo iluminista. Trata-se da «Planta topographica da Cidade de Lisboa (...) Tudo de banho vermelho he o que se conserva antigo (...) O banho amarelo, o Projecto do novo Plano (...)». Esta planta, anterior a 1780[46], abrange a primeira parte do eixo urbano de que nos ocupamos. Uma série de quarteirões pombalinos (um deles, inclusive, propriedade do próprio Pombal) estendem-se, de uma forma sistemática em prolongamento da mancha urbanística da Baixa, até à igreja de

Planta Topographica da Cidade de Lisboa comprehendendo na sua extenção a beira Mar da Ponte d'Alcantara..., anterior a 1780, Instituto Geográfico Português

Sto. António /Sé, e levam a que seja derrubada a antiga porta da cidade, como atrás vimos. Mais à frente no mesmo eixo, na rua da porta travessa da Sé (que, na «Planta da Freguezia da Sé» de 1770, aparece com o topónimo «Rua do Aljube») vemos um novo quarteirão a amarelo que, finalmente, acaba com as inúmeras reentrâncias do casario, cadeia do Aljube incluída. De facto, o novo plano urbanístico obriga à reedificação desta última. Edifícios públicos civis, tal como as igrejas, são obrigados a conformar-se à nova ordem urbanística iluminista. O que não impede que igrejas como a de Santo António assumam «uma espécie de esconjuro da estandardização pombalina, propondo objectos individualizados, em que a riqueza dos elementos eruditos se propaga sobre os sítios, como marcações eficazes de urbanidade»[47].

Do outro lado da rua, e passado o conjunto da Sé / Palácio dos Arcebispos, emboca a Rua do Barão que, na «Planta topographica...» de c. 1780 apresenta um novo traçado regularizado.

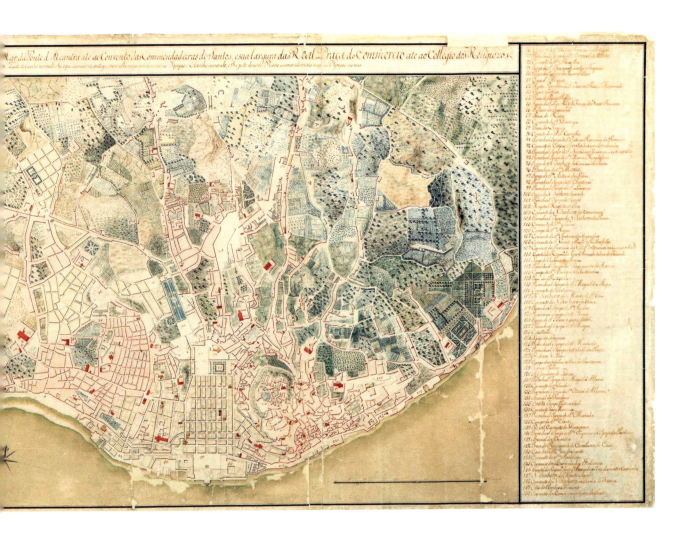

Em 1858, as Cartas 43 e 44 do «Atlas da Carta Topographica de Lisboa...» coordenado pelo conselheiro Filipe Folque[48], com uma escala que nos permite obter informação bastante mais pormenorizada, mostra-nos claramente os efeitos do reordenamento pombalino e pós-pombalino na malha urbana objecto do nosso estudo, correspondendo aos topónimos Largo de Santo António da Sé/ Largo da Sé / Rua do Aljube/ Rua direita do Limoeiro/ e Rua de Santa Luzia. O Largo de Santo António está já plenamente construído, o mesmo acontecendo com o Aljube. Duas igrejas foram entretanto demolidas, tendo igualmente desaparecido da toponímia (embora uma delas momentaneamente): a igreja de S. Jorge e a igreja de S. Martinho. A primeira, situada um pouco antes do Limoeiro, apesar de ter ficado, após o terramoto de 1755, e de acordo com testemunhos coevos, «com todas as suas paredes extremas em pé, e por conseguinte distintas, de todos os outros edifícios vizinhos.»[49], padeceu «grandes ruinas de sorte que se não pode habitar sem se fazer de

Carta Topographica de Lisboa e seus suburbios...,
dir. Duarte José Fava, 1807, Museu da Cidade,
Câmara Municipal de Lisboa

novo»[50]. A paróquia é transferida para outro local de Lisboa, após ter sido acolhida provisoriamente em várias igrejas e ermidas de Lisboa, tendo o chão onde se situava a igreja e o adro originais sido adjudicado em 1784 à provedoria e administração das capelas de D. Afonso IV[51], tendo aí sido levantado um novo edifício para albergar a secular instituição assistencial das Merceeiras de D. Afonso IV e D. Brites. Consumada a transferência da paróquia de S. Jorge, é a vez da freguesia da mesma invocação ser extinta.

3. DO REORDENAMENTO URBANÍSTICO DA ZONA DO LIMOEIRO AO JARDIM JÚLIO DE CASTILHO

A demolição da igreja de S. Martinho e a extinção da paróquia (e da freguesia), por seu turno, são mais tardias, ocorrendo já em pleno liberalismo, num contexto da recente extinção das ordens religiosas. Em 1836, a paróquia / freguesia é anexada à vizinha igreja e freguesia de Santiago. Um ano mais tarde, é a vez da igreja ser demolida. Está

aberto o caminho para o reordenamento urbanístico da zona do Limoeiro. Se é verdade que, como testemunha José Valentim de Freitas, a Câmara pediu «ao Governo a Igreja de S. Martinho para se servir da pedra»[52] para continuar a construção da muralha de suporte no lado norte da rua do Barão, é igualmente verdade que a demolição da igreja teve lugar (ou pelo menos foi aproveitada) para regularizar a rua que, desse lado, permanecia com inúmeras reentrâncias e avanços sobre a via pública (a maior das quais era a própria igreja),

causadoras dos problemas de trânsito de que, há mais de um século e meio, a Câmara se havia queixado ao rei, como atrás vimos. Em 1843, D. Maria II concede à autarquia, a título gratuito, o terreno da igreja de S. Martinho constatando que a sua demolição resultara no «aformoseamento da Capital e commodidade do publico»[53].

Não por acaso, o derrube da igreja acontece três anos depois da construção do novo muro da cadeia do Limoeiro, do outro lado da rua, fazendo sentido em conjunto com a edificação

deste muro, pelo arq. Possidónio da Silva. Em termos urbanísticos, o muro significou simultaneamente a regularização do traçado do lado sul da Rua direita do Limoeiro (como Filipe Folque lhe chama) e o avanço da cadeia em relação à rua, como a «Planta do Largo da Cadêa do Limoeiro», do Ministério do Reino, torna visível[54]. Esta última planta, que localizámos sem datação, é sem dúvida posterior a 1838, pois já não inclui a igreja de S. Martinho, mas foi levantada pouco tempo depois, pois refere-se ao muro de Possidónio da Silva como «muro construído de novo».

Do outro lado da rua, indica uma parte do quintal do prior (formando um triângulo avançado sobre a via pública) como «espaço que deve ser cortado», prevendo a demolição de um «muro revestido de cantarias» do dito quintal e a construção de um novo, paralelo à rua, o que aparenta já ser uma realidade em 1858, quando o levantamento de Filipe Folque é efectuado. Uma outra planta de 1881, assinada pelo eng.º Ressano Garcia[55], confirma essa demolição, vendo-se claramente a nova configuração do quintal do prior, com o muro cortado, possibilitando um maior desafogo

da rua. Verifica-se, porém, que o espaço que o pároco queria que lhe fosse cedido da via pública em troca do corte do seu quintal, marcado na planta do Ministério do Reino atrás analisada, continua a ser domínio público, mantendo-se essa reentrância, em forma de cunha, talvez para justificar, urbanisticamente, de alguma forma, o topónimo «Largo do Limoeiro».

O alinhamento da Rua do Limoeiro prossegue nos anos 50 do séc. XIX, com a Câmara a proceder a uma série de compras e expropriações de edifícios nessa rua, com a finalidade de ordenar o traçado urbano. Em Fevereiro de 1856, as casas com o nº 21 e 22 são compradas pelo município «afim de ser demolida a parte saliente, que deturpava a serventia pública»[56], ocorrendo a compra e a demolição ainda nesse mesmo ano. Em Agosto, é a vez do prédio com os nºs 25 e 27 ser expropriado «para aformoseamento do sítio»[57]. Em 1858, discute-se em sessão de Câmara a necessidade de «completar a obra projectada de aformoseamento, o que se tornava de grande vantagem publica», sendo vendida em hasta pública «a parte restante do terreno

Atlas da Carta Topographica de Lisboa...
(Cartas 43 e 44), dir. Filipe Folque, 1858,
Arquivo Municipal de Lisboa/Arquivo Histórico

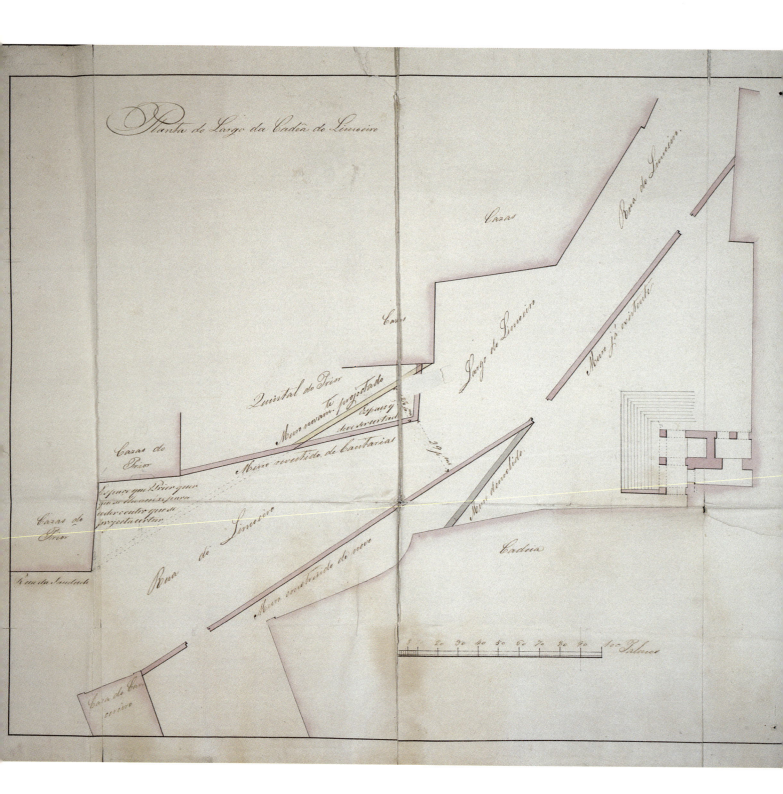

Planta do Largo da Cadêa do Limoeiro
[1838 – 1856], Instituto dos Arquivos
Nacionais/Torre do Tombo

[municipal] que ficou depois do alargamento adoptado para a citada rua»[58]. Ou seja, o alargamento estava efectuado, havendo necessidade de completar o aformoseamento. As Cartas de Filipe Folque, levantadas em Setembro e Outubro de 1858, parecem reflectir já esse alargamento, até porque o traçado da Rua do Limoeiro no levantamento de Silva Pinto[59], meio século mais tarde, não apresenta alterações.

A planta de Filipe Folque mostra ainda uma Rua do Barão com traçado alargado, com novas construções do lado direito (a sul) mas, do lado norte, junto à Travessa das Merceeiras, por detrás do Limoeiro, uma área de monturo, ou seja, de despejo de lixos e entulhos[60]. Curiosamente, em pleno séc. XIX[61], a encosta da Sé apresenta ainda zonas por urbanizar, ao mesmo tempo que é alvo de um esforço de ordenamento urbanístico, que inclui questões como a remodelação do sistema de esgotos[62].

De volta ao núcleo duro do nosso eixo urbanístico, verificamos que não apresenta alterações significativas de traçado nem no levantamento de Silva Pinto nem nas restantes plantas do séc.

Planta de parte do bairro de Alfama,
Planta n.°6, levantada e desenhada
sob a dir. de Filipe Folque, [1858],
Instituto Geográfico Português

XX. A malha urbana sofrerá grandes modificações apenas no sopé da encosta, que incluíram o prolongamento da zona de aterro, no âmbito do plano de melhoramentos do porto de Lisboa. A planta da Comissão Geodésica de 1871, tendo sobrepostas as alterações até 1911[63], é muito elucidativa a este respeito: o miolo da encosta da Sé permanece incólume. Isto apesar de, tal como outras zonas históricas da cidade, ter, também ela, sido alvo de projectos radicais de renovação urbanística que passavam pela eliminação pura e simples da malha medieval, a ser substituída por amplas avenidas, cortadas a régua e esquadro, como podemos ver na planta de alinhamentos elaborada pelo Serviço de Obras Públicas da Câmara nos inícios de Novecentos[64], que, porém, nunca chegou a passar do papel.

As teses urbanistas de cariz higienista, subjacentes a este plano, que sobrepunham o progresso à história, arrasando esta em nome daquele acabaram por não resistir à força de movimentos de olisipógrafos como os que, constituídos em comissão, fizeram uma subscrição pública para erguer um monumento a Júlio de Castilho, inaugurado em 1929 num novo jardim junto à igreja de Santa Luzia, o Jardim Júlio de Castilho. O

Encosta da Sé e Alfama, respectivamente nos levantamentos de Filipe Folque (Carta 44), 1858, e de Silva Pinto (Carta 12F), 1909, Arquivo Municipal de Lisboa / Arquivo Histórico

adro da igreja e uma parte do casario são demolidos para dar lugar a um jardim[65], que apesar de ser dos finais dos anos 20, é ainda devedor de uma estética romântica, condizente, aliás, com o ilustre olisipógrafo homenageado. O espectacular panorama que daí se avista faz com que seja popularmente conhecido como miradouro de Sta. Luzia. Nessa privilegiada localização, e com uma parte móvel no jardim/miradouro, funcionou uma biblioteca municipal. Nos anos 50, mais casario é demolido para prolongamento do jardim, que, finalmente, rompe com o ideário do jardim romântico[66]. Em 1961, quando o painel de

azulejos de Martins Barata com uma panorâmica de Lisboa é colocado na parte nova do jardim, as obras ainda decorrem[67], estando prontas dois anos mais tarde[68].

Em síntese, depois do alinhamento e *aformoseamento* da Rua do Limoeiro ter constituído, em Oitocentos, a grande transformação urbanística no eixo entre o Largo de Santo António da Sé e o Largo de Santa Luzia, o séc. XX vê nascer um novo espaço público junto a este último largo: o Jardim Júlio de Castilho[69]. Tal não impede que tenha sido em consequência do terramoto e do plano de reconstrução que se lhe seguiu que

Vista de Lisboa – aspecto dos trabalhos
de prolongamento do miradouro de Santa
Luzia, publicada em *O Século*, 20.9.1960,
Arquivo de Fotografia de Lisboa – Centro
Português de Fotografia

aquele eixo sofreu as alterações urbanísticas mais relevantes dos últimos 250 anos, facto ainda longe de se encontrar devidamente reconhecido e estudado. Fortemente moldado pelo urbanismo pombalino e pós-pombalino no seu troço inicial e significativamente redesenhado já em pleno Liberalismo no seu troço central junto ao Limoeiro, permanece reconhecível o caminho medieval entre as duas mais importantes portas da cidade medieval até ao séc. XIV: a Porta do Ferro e a

Porta do Sol. Do que, apesar desta persistência secular, acabou por se perder no desenho do eixo que atravessa longitudinalmente a meia-encosta de face a sul da Colina do Castelo, algo permanece na toponímia.

Biblioteca Municipal do Jardim Júlio de Castilho no Miradouro de Santa Luzia, fotografia de Armando Serôdio, 1961, Arquivo Municipal de Lisboa/Arquivo Fotográfico

O Limoeiro, fotografia de Joshua Benoliel, 1911, Arquivo Municipal de Lisboa/Arquivo Fotográfico

NOTAS

[1] Uma síntese da evolução urbanística nesta encosta, que administrativamente corresponde, na actualidade, às freguesias da Sé e de Santiago, pode ser encontrada *in* Ana Cristina Lourenço e Helena Pinto Janeiro, *Lisboa. Freguesia da Sé*, Lisboa, Contexto, 1992 e A. C. Lourenço, *Lisboa. Freguesia de Santiago*, Lisboa, Contexto, 1993. Sobre o património edificado da Colina do Castelo, veja-se Anabela Leal da Silva, Helena Pinto Janeiro e Maria Helena Barreiros, *Inventário do Património de Alfama, Castelo e Encosta da Sé*, CML/Grupo de Estudo da Colina do Castelo, Lisboa, 1993, IV Tomos (policopiado).

[2] Facto nem sempre devidamente valorizado. Como lembra Helder Carita, «O facto de a mudança de D. Manuel do Paço da Alcáçova para os Paços da Ribeira ter sido repetidamente referido como símbolo duma mudança de local do centro cívico e administrativo da cidade de Lisboa, tem-se revelado como um obstáculo ao entendimento da cidade de Lisboa no período medieval» (*Lisboa Manuelina e a Formação de Modelos Urbanísticos da Época Moderna (1495-1521)*, Lisboa, Livros Horizonte, 1999, nota 36, p. 45).

[3] Cf., respectivamente: 1) Museu Condes de Castro Guimarães, Iluminura *in Crónica de D. Afonso Henriques*, desenho e iluminura atrib. a António de Holanda, [2ª ½ anos 30 e 1ª ½ anos 40 do séc. XVI]; 2) *British Library*, Iluminura *in Genealogia dos Reis de Portugal*, desenho de António de Holanda, iluminura de Simão de Bening ou António de Holanda, [1530-1534]; 3) Biblioteca da Universidade de Leiden, Anónimo, Vista panorâmica de Lisboa, desenho, séc. XVI.

[4] Museu da Cidade [de Lisboa], Anónimo, *Olissipo quae nunc Lisboa...*, gravura em cobre *in* Gergius Braunius, *Urbum Praecipuarum Mundi Theatrum Quintum*, 1598 [s/ desenho at. 1555-1567]. Como salienta Nuno Senos, as necessárias precauções com que temos de olhar para esta 2ª gravura de Lisboa editada por Braunio no 5º vol. do seu atlas de cidades não invalidam tratar-se «da mais importante fonte iconográfica de que dispomos para o estudo da cidade no séc. 16. A adopção de um ponto de vista em *voo de pássaro*, única em toda a iconografia olissiponense, mesmo posterior, mostra-nos todo o interior da cidade, as suas ruas e casas, becos e igrejas,

como nenhuma outra imagem fará até à planta desenhada por Tinoco, em 1650 (...)» (*O Paço da Ribeira: 1501-1581*, Lisboa, Editorial Notícias, pp. 102-3). A datação do desenho (1555-1567) que serviu de base à gravura é atribuída por N. Senos, *Op. cit*, p. 104.

[5] De que há referências documentais em 1383 e em 1470: cf. Augusto Vieira da Silva, *A Cêrca Moura de Lisboa. Estudo histórico-descritivo*, 3ª edição, Lisboa, 1987, p. 191.

[6] Cf. A. Vieira da Silva, *Op. cit.*, p. 87 e Luís Pastor de Macedo, «Rua do Arco de N. Sra. da Consolação» in *Lisboa de lés-a-lés*, Vol. I, 3ª edição, S.l., CML, 1981, pp. 147-157.

[7] Em 1717 já parte da administração municipal saíra da sua sede medieval, na sequência da divisão da cidade em Lisboa Ocidental e Lisboa Oriental: o Senado Ocidental passa para o Rossio, apenas permanecendo o Senado Oriental na Casa de Sto. António.

[8] Tendo «subentendido sempre um sentido de percurso para, com ligações a uma sensação visual de *antes e depois*, *atrás* e *à frente*.» (H. Carita, *Lisboa Manuelina...*, p. 25).

[9] Museu da Cidade, João Nunes Tinoco, «Planta da Cidade de Lxª...», 1650, escala gráfica [cópia gravada de Carvalho Junior, D.G. dos Trabalhos Geodésicos do Reino, 1884].

[10] Museu da Cidade, Anónimo, verificada e assinada por Sebastião Elias Poppe e Guilherme Joaquim Paes de Meneses em 1761, desenho em papel, escala gráfica, s.d.[a malha urbana é anterior a 1755].

[11] Cf. Vieira da Silva, *Plantas topográficas de Lisboa*, Lisboa, CML, 1950, p. 15.

[12] Instituto dos Arquivos Nacionais/ Torre do Tombo (IAN/TT), Casa da Suplicação (CS), Juízo da Inspecção dos Bairros (JIB), Livro 17, *Limoeiro: Tombo*, 1756-1757.

[13] Tendo, a vermelho, o traçado na época do terramoto, com legendas do Tombo da Cidade de Lisboa que ele data de 1755 mas que, na realidade, decorre entre 1756 e 1757 (no Bairro do Limoeiro). A preto, o traçado e toponímia à época da 1ª ed. de *A Cêrca Moura de Lisboa* (1899), escala 1:2500 in A. Vieira da Silva, *A Cêrca Moura de Lisboa...*, s.p.. Veja-se também a Estampa IV: «Lanço Ocidental da Cêrca», escala 1:1000 in *Idem*, *idem*, s.p.; e Estampa VI: «Lanço Oriental da Cêrca», escala 1:1000 in *Idem*, *idem*, s.p.

[14] «Planta que contém o recinto da Freguesia de Sta. Maria Maior em Lisboa», escala 1:2000 in *Registo da Freguesia da Sé desde 1563 até 1610*, int., notas e índices de E. Prestage e P. de Azevedo, Vol. I (1563 a 1596), Coimbra, Imp. da Univ., 1924, s.p. Veja-se também a «Planta das antigas freguesias de Santiago, S. Bartolomeu e S. Martinho actualmente compreendidas na área da freguesia de Santiago», na qual Ferreira de Andrade ensaia a cartografia das casas levantadas no Tombo e que inclui uma parte do eixo urbano que nos ocupa no presente artigo (*in A Freguesia de Santiago. Subsídios para a história das suas ruas, edifícios e igreja paroquial*, Vol. I, Lisboa, CML, 1949, s.p.).

[15] Segundo a lista inicial das vias públicas medidas na sua globalidade, por onde o Tombo começa. Mais à frente, quando os funcionários passam a descrever e a medir casa a casa, em cada rua, alteram ligeiramente a enunciação dos topónimos: o Largo do Aljube passa a ser referido como Largo do Palácio dos Arcebispos (palácio situado do lado oposto da rua, após a Sé); são nomeados alguns becos não incluídos na lista inicial, ao passo que alguns topónimos são excluídos (como os largos das portas principal e travessa de S. Jorge, englobados na R. de S. Jorge; e o Lg. das Portas de D.

Rodrigo de Noronha, englobado na R. de Sta. Luzia) (Cf. IAN/TT, CS, JIB, Livro 17, *Limoeiro: Tombo, passim*).

[16] IAN/TT, CS, JIB, Livro 17, *Limoeiro: Tombo*, fl. 7. As citações que se seguem, relativas a esta rua, são deste mesmo fólio.

[17] *Ibidem*, fl. 7.

[18] *Ibidem*, fl. 7 v°.

[19] *Ibidem*, fl. 7.

[20] *Ibidem*, fl. 7 v°.

[21] *Ibidem*, fl. 7 v°.

[22] *Ibidem*, fl. 7 v°.

[23] *Ibidem*, fl. 7 v°.

[24] *Ibidem*, fl. 8.

[25] *Ibidem*, fl. 8.

[26] *Ibidem*, fl. 8.

[27] *Ibidem*, fl. 8. As citações que se seguem, relativas ao Largo do Limoeiro, são dos fólios 8 e 8 v°.

[28] *Ibidem*, fl. 8 v°.

[29] *Ibidem*, fl. 8 v°.

[30] *Ibidem*, fl. 8 v°.

[31] *Ibidem*, fl. 9.

[32] «Alvará para se derribar a porta do ferro para serventia de hua e outra parte daquella banda» *in* Arquivo Histórico da Câmara Municipal de Lisboa, *Livros de Reis. Livro I de D. Manuel* (cóp. Século XVIII), doc. transcrito por H. Carita, *Lisboa Manuelina...* Documento 12, p. 217.

[33] *Ibidem*.

[34] Ao contrário do que se infere de H.Carita, Op. cit., p. 72, a demolição da Porta do Ferro não chegou a concretizar-se. Vieira da Silva, que pela primeira vez cita o alvará depois transcrito na íntegra por Carita, refere que a porta só em 1782 foi demolida (*Cf. A Cêrca Moura...*, p. 90). A leitura do Tombo de 1756 não deixa margem para dúvidas: o Arco da Consolação aparece medido, tal como as casas que se interligavam com ele: «Morada de casas de Luiz Francisco de Assis, tem de frente para o Largo dos Malheiros setenta e quatro palmos e meyo, medião pello Nacente com hum Alfurge em comprimento de trinta e cinco palmos, e com Casas de hum Ausente parente do Luis do Terreiro por dous lados, que somados fazem trinta e noue palmos e meyo, e continuando da parte do Nacente por sima do Arco da Consolação [Porta do Ferro] tem trinta e noue palmos, em que entra huma pequena Casa que está sobre o pé direito do Arco da parte do Sul, que tem treze palmos e meyo e do lado do Poente tem onze e meyo, segue-se huma casa rectangular sobre o dito Arco que tem trinta e sete palmos de comprimento

e vinte e sete de largura incluindo a groçura das paredes, tem mais sobre o pé direito da parte do Norte outra casa cujus lados já estão medidos, e so falta o do Poente que tem dezaceis palmos, da parte do Sul, tem hum lado de Comprimento quarenta e quatro palmos, e pello lado do Norte termina com as casas da viuva de José Antonio Carlos em Comprimento de trinta e dous palmos e meyo, tem da parte desta rua dous sobrados» (IAN/TT, CS, JIB, Livro 17, *Limoeiro: Tombo*, fls. 40 v.° e 41).

[35] «Consulta da camara a el-rei em 15 de Março de 1677» *in Livro IV de Cons. e Dec. do Príncipe D. Pedro*, f. 493 *in* Eduardo Freire de Oliveira, *Elementos para a História do Municipio de Lisboa*, 1ª Parte, Tomo VIII, Lisboa, Typographia Universal, 1896, p. 205.

[36] «Em onze de Novembro de mil, e seiscentos, e trinta e quatro annos, dia de S. Martinho, se lançou a primeira pedra à sua Igreja, a qual fez o Conde de Villa Nova, D. Gregorio de Castelbranco. Depois da missa do dia o dito Conde (...) e o Prior da dita Igreja (...) levarão a dita pedra com muita festa, e a lançarão em o fundamento do *cunhal da Igreja, sobre que está fabricado o arco do passadisso, que hia das cazas*

do Conde para a tribuna (...).» (Prior Rodrigo J.D. de Maris Sarmento, «S. Martinho» *in Lisboa em 1758. Memórias paroquiais*, Recolha, introdução e notas de Fernando Portugal e Alfredo Matos, Lisboa, C.M.L., 1974, p. 171, sublinhado nosso).

[37] Nem quando se referem à igreja nem ao palácio, sendo este último referido como umas «Moradas de casas que forão do Exmo. Conde de Villa Noua, e hoje são de El Rey, tem de frente pera a rua direyta [de S. Martinho], cento e seis palmos, e as suas paredes extremas se achão em pee e estão distintas pera acrescentar a Cadea da Corte.» (IAN/TT, CS, JIB, Livro 17, *Limoeiro: Tombo*).

[38] Baseado no *Monge de Cister*, de Alexandre Herculano... Cf. J. Castilho, *Lisboa Antiga: Bairros Orientais*, 2ª ed. revista e ampliada pelo autor e c/ anotações de A. Vieira da Silva, Vol. IX, Lisboa, CML, 1937, p. 27.

[39] Cf. L. Pastor de Macedo, «Carrasco (Pátio do)», *Lisboa de lés-a-lés*, Vol. II, S.l., CML, 1941, p. 249.

[40] As palavras textuais do Tombo são: «Morada de Casas de Antonio Jose da Costa (...) tem de frente pera o pateo do Carrasco, trinta palmos, medidos ao principio do arco, que serve, de

paçadiço, e entrada ao dito Pateo athé os altos do dito Arco ou paçadiço como tão bem os altos da logea que tem a Irmandade do Sanctissimo (...)» (IAN/TT, CS, JIB, Livro 17, *Limoeiro: Tombo*, fl. 31-31 v.°).

[41] Luiz Gonzaga Pereira, no desenho à vista que faz da igreja de S. Martinho, em 1830, mostra-a ligada a uma casa através de um passadiço mas *do mesmo lado da rua* que, naturalmente, nunca poderia ser o Limoeiro, que ficava do lado oposto (Biblioteca Nacional, Códice 215, *Descripção dos monumentos sacros de Lisboa, ou collecção de todos os conventos, mosteiros e parrhochiaes no recinto da cidade de Lisboa*). A origem do topónimo oitocentista «Rua do Arco do Limoeiro» poderá estar ligada quer a este arco, quer ao arco do Pátio do Carrasco, quer, ainda, à memória do arco que anteriormente ligou a igreja ao palácio do conde de Vila Nova ou, até, ao próprio Paço de S. Martinho, hipótese que só uma investigação aprofundada do edifício do Limoeiro poderá eventualmente confimar.

[42] Museu da Cidade, «Planta Topographica da Cidade de Lisboa arruinada, / e tambem segundo o novo Alinhamento dos Architétos / Eugénio dos Santos, e Carvalho, e Carlos Mardel»,

de 1758, tendo sobreposta, sobre a malha antiga, o projecto do novo alinhamento de Eugénio dos Santos e Carlos Mardel, cópia efectuada por Vieira da Silva em 1899 da planta entretanto desaparecida do Instituto Geográfico Português, [1758], escala gráfica.

[43] A igreja «Melhorou de figura, por estar patente o que athe agora se via, dentro de hu(m) estreito adro, occulta, e assombrada com hu(m)as casas, que o Prior comprou, e demolio para a dezafrontar, cuja despeza lhe chegou a quinhentos mil r(ei)s.» (Prior Rodrigo J.D. de Maris Sarmento, «S. Martinho» *in Lisboa em 1758...*, p. 178).

[44] IAN/TT, Casa Forte, Códice 153, «Planta da Freguezia da Sé», fl. 103. Ver também *Idem*, «Planta da Freguezia da Magdalena», fl. 55. Remetemos para o original pois, apesar das plantas se encontrarem publicadas (Vd. *Lisboa na 2ª metade do Séc. XVIII (Plantas e Descrições das suas Freguesias*, Recolha e índices de Francisco Santana, Lisboa, CML, s.d., p. 103 e p. 71), a sua reprodução não é suficientemente legível, nomeadamente no que às legendas diz respeito.

[45] Cf. Vieira da Silva, *A Cêrca Moura..*, p. 90.

[46] Arquivo do Instituto Geográfico Português, «Planta Topographica da Cidade de Lisboa comprehendendo na sua extenção a beira Mar da Ponte d'Alcantara, até ao Convento das Commendadeiras de Santos, e sua largura, da Real Praça do Commercio ate ao Collegio dos Religiozos/Agostinhos descalços na Rua de S. Sebastião da Pedreira: Tudo de banho vermelho he o que se conserva antigo, e vermelho mais vivo se notão as Igrejas: O banho amarelo, o Projecto do novo Plano (...)», s.d.[3.º quartel do séc. XVIII, anterior a 1780], desenho em papel, aguarelado, escala gráfica. A datação é atribuída por Vieira da Silva: «Deve ser do 3.º quartel do século XVIII, ou anterior a 1780, pois nela não está representada a Igreja da Estrela.» (*in Plantas topográficas* ..., p. 20; no índice das plantas, na mesma obra, s.p., aparece a mesma planta como sendo posterior a 1780, o que é manifestamente gralha).

[47] Como salienta Raquel Henriques da Silva que destaca «a versatilidade do jogo das fachadas lateral e posterior [respectivamente sobre o Largo da Sé e a Rua Augusto Rosa] que só se revelam ao ritmo da própria marcha, e que podemos sentir como uma interessante antítese em relação à deliberada integração das igrejas da Baixa na malha determinante dos arruamentos ortogonais» («Arquitectura religiosa pombalina» *in Monumentos: Revista Semestral de Edifícios e Monumentos*, N.º 21, Setembro 2004, respectivamente nas pp. 111 e 112).

[48] Arquivo Municipal de Lisboa/Arquivo Histórico, *Atlas da Carta Topographica de Lisboa*, 1856-1858, levantada por Carlos Pezerat, Francisco Goullard e Cesar Goullard, sob direcção do conselheiro Filipe Folque, Carta 43 (Outubro 1858) e Carta 44 (Setembro 1858), escala 1:1000.

[49] IAN/TT, CS, JIB, Livro 17, *Limoeiro: Tombo*, fl. 27.

[50] Prior José Lino de Azevedo, «São Jorge» *in Lisboa em 1758*..., p. 127.

[51] Cf. L. Pastor de Macedo, Vol. I, 3ª ed., Lisboa, CML, 1981, p. 185.

[52] Papéis de J. Valentim de Freitas *in* L. Pastor de Macedo, *Op. cit.*, Vol. II, S.l., CML, 1941, p. 193 (já antes referidos por J. de Castilho, *Lisboa Antiga: Bairros Orientais*, 2ª ed., Vol. IX, pp. 87-91 e *passim*.

[53] Decreto de 23 de Novembro de 1843 *in* Júlio de Castilho, *Op. Cit.*, Vol. IX, p. 97.

[54] IAN/TT (Fundo do Arquivo Histórico do Ministério das Finanças), Plantas do Ministério do Reino, Caixa 5282, IV/C/126/40: s.a., «Planta do Largo da Cadêa do Limoeiro», s.d. [1838-1856].

[55] Arquivo do Arco do Cego, Cx. 57, Pl. 9800, «Planta junta ao officio N.º 1813 do Engenheiro chefe da repartição technica», Repartição Technica da C.M.L., a) Frederico Ressano Garcia, escala 1:1000.

[56] J. de Castilho, *Op. cit.*, Vol. IX, p. 58.

[57] *Ibidem*, Vol. IX, p. 58.

[58] Proposta do vereador Esteves de Carvalho, na sequência da proposta de José do Nascimento Gonçalves Corrêa, «dizendo que sendo de conveniencia para o Municipio continuar o alinhamento e aformoseamento da rua do Limoeiro, e que não convinha à Câmara edificar o terreno que ali possue, propunha que se vendesse ou trocasse a parte precisa para completar a obra projectada de aformoseamento, o que se tornava de grande vantagem publica.», (A proposta de venda em hasta pública é aprovada em sessão de 25 de Novembro de 1858 *in Annaes do municipio de Lisboa*, N.º 22, 1858, p. 190).

[59] Arquivo Municipal de Lisboa/Arquivo Histórico, [Júlio António

Vieira da] Silva Pinto (direcção), «Levantamento Topográfico de Lisboa em 1904-1911», Carta 12F, Maio de 1909, escala 1:1000.

[60] A muralha de suporte de terras que aí estava em construção nos anos 30 de Oitocentos acabou por ruir em 1865. Cf. L. Pastor de Macedo, *Lisboa de lés a lés*, Vol. II, p.194.

[61] Panorama que nos inícios do século seguinte já se encontrava alterado: no levantamento dirigido por Silva Pinto, *Op. cit*, Carta 12 F, de Maio de 1909, esse quarteirão está urbanizado.

[62] «Sendo frequente os casos de obstrução e de arrombamento no cano geral d´esgoto da rua do Limoeiro em resultado da deficiencia da sua vasão, por ser de dimensões muito acanhadas (...) tenho a honra de propôr a V. Exa. a construção para o substituir de [sic] um cano de maiores dimensões (...), convindo estender este melhoramento para jusante nos largos do Limoeiro e de S. Martinho em que a canalisação existente se acha interrompida e na rua do Arco do Limoeiro em que não existe nenhuma, de modo a ir descarregar no cano geral da rua do Barão (...) e poder-se evitar que o seu esgoto se faça, como agora, por um cano antigo que passa por baixo do edifício da cadeia do Limoeiro, dirigindo-se para o sul. (...) (Arq.º do A. do Cego, Cx 59/SGO, Ofício N.º 1216 do director geral do Serviço Geral de Obras Públicas da CML, eng.º Frederico Ressano Garcia, ao vereador do Serviço das Obras, Lisboa, 6 de Maio de 1892).

[63] «Extracto da Carta Topográfica de Lisboa publicada em 1871, tendo sobrepostas a tinta encarnada as alterações feitas até 1911», escala 1:10.000 *in* Augusto Vieira da Silva, *Plantas Topográficas de Lisboa*, Lisboa, CML, 1950.

[64] Arq.º do A. do Cego, Cx. 88/PA, Desenho 5242, [Planta de alinhamento das ruas de S. Bartolomeu, do Milagre de Santo António, Loyos, da Saudade, direita do Limoeiro, de Sta. Luzia, de S. Tiago, das Damas, do Lg. do Contador Mor e Trav. do Funil], Serviço das Obras Públicas, s.d. [Inícios do Séc. XIX], escala 1:1000.

[65] Cf. A. Vieira da Silva, «Prefácio do anotador» in J. de Castilho, *Lisboa Antiga: Bairros Orientais*, 2ª ed. rev. e aumentada pelo autor e c/ anotações de A Vieira da Silva, Vol. VI, Lisboa, CML, 1936, pp. 5-11 e J. de Castilho e A. Vieira da Silva, «Livro II. A Freguesia de S. Tiago» in J. de Castilho, *Lisboa Antiga: Bairros Orientais*, 2ª ed., Vol. XI, pp. 251-271.

[66] Em 1952, Eduardo Portugal fotografa um prédio a ser demolido para continuação do jardim para sul e alargamento da rua do Arco do Limoeiro (Cf. Arquivo Fotográfico da CML, A18278, Fotografia de E. Portugal de 1952 e legenda manuscrita no verso).

[67] Cf. Arq.º Fotográfico da CML, Fotografias de Arnaldo Madureira N.ºs A38129, A38128 e A35898, todas de 1961.

[68] Cf. Arq.º Fotográfico da CML, Fotografia A41904, de A. Serôdio, datada de 1963, com uma perspectiva geral da parte nova do miradouro.

[69] Na toponímia, a novidade mais significativa no séc. XX é a Rua do Aljube ter sido rebaptizada em 1924 com o nome de um ilustre actor, aí nascido: Augusto Rosa (que, em 1925, vê um busto seu a ser inaugurado no Largo da Sé).

JORGE BAPTISTA GONÇALVES
HISTÓRIAS DO LIMOEIRO

A HISTÓRIA DO LOCAL onde o Centro de Estudos Judiciários tem a sua sede sempre fascinou alguns magistrados que, a par das suas actividades docentes na instituição, procuraram coligir elementos sobre o passado multissecular de um espaço que foi paço de reis, casa da moeda, tribunal e cárcere. Entre esses docentes destaco, pelo seu saber e entusiasmo, os Drs. Adelino Robalo Cordeiro e Vítor Ribeiro.

As linhas que se seguem não pretendem ser um trabalho de cariz científico, que teria de ser feito por um historiador, mas antes um simples registo de curiosidades e apontamentos, reunidos por um amador, em que se cruzam a História e algumas pequenas histórias relacionadas com o velho Limoeiro, local repassado de memórias e de lendas, presente na obra de alguns escritores e em versos de inconfundível sabor popular[1].

OS PAÇOS DE A-PAR S. MARTINHO
E OUTRAS DENOMINAÇÕES

A área actualmente ocupada pelo Centro de Estudos Judiciários confina com o lanço oriental da *cerca velha* ou *moura*, localizando-se sensivel-mente a um terço do seu comprimento, medido a partir do Chafariz de El-Rei. Segundo Augusto Vieira da Silva, a muralha da cerca constituiria o envasamento da fachada oriental do edifício que, na época em que o ilustre olisipógrafo escreveu, era a prisão do Limoeiro, muito embora já nessa altura pouco restasse da muralha primitiva, apenas se divisando dois contrafortes que possivelmente seriam restos de dois cubelos da velha cerca. De acordo com o mesmo autor, o caminho de ronda das sentinelas que vigiavam da banda do sul da cadeia era o próprio adarve da antiga muralha[2].

Foram vários os edifícios que, ao longo do tempo, se sucederam no local onde hoje se encontra o Centro de Estudos Judiciários. Da primitiva construção não temos notícia segura, estando a sua origem envolta nas brumas do mistério. Escreveu, a este propósito, Heliodoro Salgado: *Baldadamente os historiadores teem procurado em velhos alfarrábios e em pesados in-folios, pelos archivos cobertos do pó das edades e roídos da sarna do tempo, o nome do seu fundador, a data da sua fundação*[3]. Admite-se a hipótese de ter sido levantada para moradia de algum governante no tempo do domínio mouro[4]. Documentos citados por Eduardo Freire de Oliveira, relativos aos

Assinatura de D. Leonor Teles

esgotos da cidade de Lisboa, referem a existência de canos de escoamento, de grandes dimensões, que dali partiam, fazendo supor a implantação no local de edificações importantes[5].

Tem-se como certo que no local existiu um edifício que serviu de residência régia desde o período de D. Afonso III, ou talvez mesmo desde época anterior[6]. A dada altura, chamou-se-lhe *paços de a-par S. Martinho,* por se situar em frente da igreja paroquial que tinha como orago o referido santo, uma das mais antigas da cidade. Segundo Júlio de Castilho, o paço real e o templo comunicavam através de um arco ou passadiço[7].

O paço de *a-par S. Martinho* conheceu, no decurso da história – por vezes, em simultâneo – diversas denominações.

Foi *paço dos Infantes,* lendo-se em vários escritos que esse nome provém de nele terem habitado os príncipes a que Camões chamou *Ínclita geração, altos Infantes*[8], filhos de D. João I.

Júlio de Castilho defendeu ser outra a origem da denominação, sustentando que os Infantes que deram nome ao paço terão sido os filhos de D. Pedro I e de D. Inês de Castro, os célebres D. João e D. Dinis[9]. Esta tese encontra arrimo em Fernão Lopes que, referindo-se a factos do tempo do rei D. Fernando, diz que o soberano *pousava estomçe nos paaços que chamavom dos Iffantes, que som açerca dessa egreija* (de S. Martinho)[10]. A ser verdade, como parece resultar do relato do cronista, que já no reinado de D. Fernando o paço era conhecido como *dos Infantes,* esta denominação não poderia referir-se à ilustre descendência do Mestre de Avis e de D. Filipa da Lencastre, mas sim aos filhos da *mísera e mesquinha / Que despois de ser morta foi rainha*[11].

Outra denominação foi a de *Paços da Moeda Nova.* Vilhena Barbosa, em 1860, na sua descrição das cidades e vilas portuguesas com brasão de armas, ainda nomeava os referidos paços como sendo os *paços reaes da Moeda*[12].

Constitui tarefa árdua estabelecer a correcta cronologia dos acontecimentos e determinar em que período a casa da moeda terá sido instalada nos paços de *a-par S. Martinho* – em parte ou em edifício contíguo que deles constituísse dependência.

Júlio de Castilho diz que a *moeda* parece ter sido transferida no século XIV do sítio das Portas da Cruz para os paços de *a-par S. Martinho*, posteriormente ao ano de 1383, *se acaso ela se não achava já acomodada nos baixos, ou noutra dependência dos mesmos paços*[13].

Há quem associe a instalação dos moedeiros nos paços às contingências sofridas pelo *Generale Studium*, no vaivém que o fez mudar várias vezes de assento, entre Lisboa e Coimbra. A questão, de contornos algo nebulosos, tem a ver com a crença que se manteve durante largo tempo de que a *Pedreira* ou o *Campo da Pedreira*, onde se localizaram as primeiras casas do Estudo Geral, coincidia com a *Porta da Cruz*, no bairro de Alfama, onde esteve instalada a *Moeda Velha*.

Em 1892, Teófilo Braga ainda afirmava que *depois que a Universidade foi trasladada para Lisboa por D. Fernando em 1377, tornou a ser estabelecida nas mesmas casas do Campo da Pedreira, onde sempre estivera; porém nos documentos encontra-se esse local designado com duas novas indicações, junto á Porta da Cruz, porque então Lisboa fora cercada por uma muralha ordenada por D. Fernando, onde se abrira essa porta, e na Moeda Velha, porque ali se estabelecera a Casa da Moeda, depois que a Universidade foi mudada para Coimbra, passando desde 1377 para os paços chamados do Limoeiro*[14].

Partindo do pressuposto de que o *Campo da Pedreira* e a *Porta da Cruz* eram locais próximos ou coincidentes, defendeu-se que a oficina dos moedeiros, no tempo de D. Dinis, funcionava no Campo da Pedreira, em Alfama, junto às casas da Universidade. Com a transferência para Coimbra, no ano de 1308, do *Generale Studium*, os moedeiros teriam ficado a ocupar-lhe o lugar. Regressada a Lisboa, no ano de 1338, a Universidade teria reocupado o seu antigo espaço, desalojando os moedeiros que

passaram a ocupar os paços de *a-par S. Martinho*, dando origem à nova designação *da Moeda*[15].

Presumindo que os moedeiros estiveram instalados nos paços entre 1338 e pelo menos 1354[16], Marcelo Caetano admite ter sido esse o local de realização das Cortes de Lisboa de 1352, cujos capítulos gerais atestam que a assembleia teve lugar *nos moedeijros*"[17].

Na primeira metade do século XVIII, Francisco Carneiro de Figueiroa já expressava dúvidas sobre o local em que primitivamente fora instalado o Estudo Geral, em Lisboa, dizendo não saber se a pedreira, o sítio junto às portas da Cruz e a moeda velha *saõ tudo huma mesma cousa, ou eraõ diversos logares*[18].

Como disse anteriormente, é difícil estabelecer datas precisas. Hoje parece ser claro que a *Pedreira de Lisboa* onde D. Dinis mandou fazer casas para o Estudo Geral não se confunde com o sítio da *Cruz*, a Santo Estêvão, local onde em 1287 já estava instalado o fabrico da moeda. No entanto, o Estudo Geral terá passado a ocupar, ainda no final do século XIII ou no início do século XIV, as casas da moeda ou dependências junto destas, na freguesia de Santo Estevão. Terá sido nesse período, de limites cronológicos imprecisos, que as oficinas da moedagem passaram a funcionar nos paços de *a-par S. Martinho*[19]. Em 1401, porém, já a *moeda* não se encontrava nos paços, tendo sido transferida para a antiga rua do Morraz, depois dita da Sapataria, e, até 1755, da Calcetaria[20].

DA MORTE DE D. FERNANDO AO ASSASSÍNIO DO ANDEIRO

D. Pedro I, nas suas deslocações à cidade de Lisboa, pousava nos paços de *a-par S. Martinho*, preferindo-os aos da Alcáçova[21].

O sucessor de D. Pedro revelou idêntica predilecção, tendo os referidos paços servido de residência ao *Rei Formoso* e a D. Leonor Teles, nas suas estadias em Lisboa.

Antero de Figueiredo traça uma descrição dos paços nos seguintes termos:

As testadas dos Paços, de silharia escura, eram extensas e irregulares, com suas janelas desiguais, grandes e pequenas, largas e esguias, simples umas, outras abertas em arcos de ogiva e de ombreiras caneladas, com vidramentos coloridos. O interior do edifício era uma confusão de casas, de câmaras, de recâmaras, de corredores, de escadas, de pátios, de lojas, de subterrâneos, onde se acomodavam o rei, a infanta, os infantes, senhores, cuvilheiras, donas, donzelas, capelães, físicos e basta criadagem[22].

Não é de excluir que tenha sido nesses paços que D. Fernando faleceu na noite de 22 de Outubro de 1383.

Fernão Lopes escreve: *Seendo el-rei dom Fernando mais aficado cada vez de sua door, mandou que o trouvessem d'aquella villa d'Almadãa honde estava pera a cidade de Lisboa, e fosse de noite por nom seer visto; e foi assi que o trouverom ao seraão, e nehuu nom abria a porta nem tirava candea aa janella, porque tall pregom fora lançado; e assi escusamente o levarom a seus paaços*[23]. Dias depois, em 27 de Setembro de 1383, a rainha D. Leonor Teles deu à luz uma filha que logo morreu.

Sabemos, pois, através do cronista, que o rei D. Fernando foi trazido, na calada da noite, de Almada aos seus paços de Lisboa, poucos dias antes de 27 de Setembro de 1383. Fica a dúvida sobre se os paços a que o rei foi conduzido e em que veio a expirar, no mês seguinte, eram os da Alcáçova ou os de *a-par S. Martinho* que gozavam da sua predilecção.

Durante a crise de 1383-1385, os paços foram o cenário de acontecimentos dramáticos, narrados de modo vivaz e magistral pelo cronista Fernão Lopes.

Apenas faleceu D. Fernando, sem deixar descendência masculina, a rainha D. Leonor Teles, «a Flor de altura», assumiu o governo do reino, conforme

A Morte do Conde Andeiro,
pintura de José de Sousa Azevedo,
Museu Nacional de Soares dos Reis

se estipulara no contrato de casamento de sua filha D. Beatriz com D. João I de Castela, assinado em Salvaterra de Magos. Segundo a escritura matrimonial, a regência do reino seria assumida pela rainha-viúva enquanto o primeiro filho de D. Beatriz não perfizesse catorze anos de idade[24].

A morte de D. Fernando precipitou os acontecimentos. A sua viúva suscitava fortes ódios e a influência que junto dela exercia o fidalgo galego João Fernandes Andeiro, conde de Ourém, mais conhecido como conde Andeiro, era motivo de grande descontentamento e indignação, constando que a rainha com ele havia mantido uma relação adúltera. O retrato moral da rainha-viúva que nos foi legado por Alexandre Herculano é tremendo e impiedoso: *ambiciosa, dissimulada e corrompida ...cuja alma era um abismo de cobiça, desenfreamento, de altivez e de ousadia...a nossa Lucrécia Bórgia*[25].

Durante os actos de aclamação pública de D. Beatriz eclodiram tumultos em várias localidades. Um golpe começou a ser organizado, engendrado por Álvaro Pais, antigo chanceler-mor de D. Pedro e de D. Fernando, tendo como objectivo o assassínio do favorito da rainha. A sua argumentação convenceu D. João, Mestre de Avis, filho bastardo de D. Pedro I, que acabou por aceitar o encargo de matar o Andeiro.

Na tarde de 6 de Dezembro de 1383, D. João dirigiu-se aos paços (os nossos já conhecidos paços de *a-par S. Martinho*) e forçou a entrada na câmara da rainha, seguido por homens armados. Interpelado por D. Leonor, o Mestre solicitou que fosse designado para seu serviço um maior número de homens de armas a fim de poder guardar a fronteira de Entre-Tejo-e-Odiana da eventual incursão do rei de Castela. O conde de Ourém, desconfiando das intenções de D. João, pediu aos seus que se fossem armar, ficando, assim, desprotegido por alguns instantes. Aceitando acompanhar o Mestre a uma sala contígua à câmara régia, o conde de Ourém selou o seu destino. Após brevíssimas palavras, D. João desferiu uma cutilada na cabeça do Andeiro. Este, tendo sobrevivido ao golpe, ainda tentou obter refúgio na câmara da rainha, mas Rui Pereira, homem de confiança do Mestre, antecipou-se-lhe e matou-o com uma estocada certeira[26].

Seguiu-se grande alvoroço na cidade de Lisboa, orquestrado por Álvaro Pais, fazendo-se constar que a vida do Mestre corria perigo e incitando-se a população a acorrer ao paço. Como refere Damião Peres, o crime individual do Mestre ia ter aprovação popular e o atentado ia transformar-se em primeiro elo de uma corrente revolucionária. Já alguns mais exaltados se preparavam para lançar fogo aos paços, quando o Mestre assomou a uma grande janela e apaziguou os ânimos, dizendo: *Amigos apacificaae vos ca eu vivo e saão soom a Deos graças*. Devido ao clima de sublevação, só no relativo sossego da noite e em segredo a rainha D. Leonor Teles fez sepultar, na Igreja de S. Martinho, o corpo do seu valido assassinado[27].

Este trágico evento passou a constituir, desde então, uma das memórias mais marcantes dos paços de *a-par S. Martinho*, inaugurando o que podemos chamar de legenda negra do futuro Limoeiro.

Chegou tão longe a lembrança da morte do conde de Ourém que a linguagem dos delinquentes, volvidos vários séculos, ainda designava o edifício como o *Hotel do Conde Andeiro*[28].

DOS PAÇOS DO INFANTE HERDEIRO AO LIMOEIRO

O novo monarca que inaugurou a dinastia de Avis utilizou os paços como residência durante algum tempo, enquanto não acabavam as obras que mandara realizar na Alcáçova. No entanto, no início do século XV, os paços de *a-par S. Martinho* já haviam recebido nova denominação: a de *paços do Infante herdeiro*, por serem local de residência do infante D. Duarte.

D. João I, no fulgor da sua mocidade, perdera-se pelos olhos negros de uma donzela, em Veiros, amando-a e trazendo-a para o convento de Santos, em Lisboa, contando-se que o pai da jovem, de tanta raiva, não mais cortou as barbas, de onde lhe puseram por alcunha *o Barbadão*[29].

Ora, é numa parte das dependências dos paços de *a-par S. Martinho* que vamos encontrar instaladas, provisoriamente, talvez até 1405, a *comendadeira* e as *donas* do Mosteiro de Santos. A comendadeira era Inês Peres, filha do aludido Barbadão, de quem D. João I tivera, fruto dos seus arrebatamentos juvenis, dois filhos: D. Beatriz de Portugal e D. Afonso, que veio a ser 8.º conde de Barcelos e 1.º duque de Bragança[30]. Evocando o pai de Inês Peres, um folheto de propaganda republicana, atribuído a Machado Santos, divulgado já no estertor da monarquia, apelidava, jocosamente, a dinastia ainda reinante como *Os barbadões*.

É como *paaço do jfante e cassa da rrollaçom* que o paço de S. Martinho surge mencionado no texto da pública-forma de um alvará dado pelo Infante D. Duarte, em 7 de Maio de 1428, à cidade de Lisboa[31].

D. Duarte, no início do seu reinado, logo após a morte de seu pai, ainda utilizou o paço, como se infere da Crónica de Rui de Pina[32].

Diz Júlio de Castilho que no ano de 1434, quando já reinava o *Rei Eloquente*, por lá andavam obras, tendo aí aposentadoria a vereação da cidade e os desembargadores da Relação. É o que deduz de uma carta régia de 11 de Abril desse ano, em que D. Duarte determina que o produto das penas pecuniárias julgadas na Casa do Cível, até o 1.º de Maio seguinte, fosse entregue ao almoxarife das obras do castelo de S. Jorge, *para as despender nas obras e corregimento d'esses paços* (os de S. Martinho) *em que vós* (os vereadores) *e esses desembargadores fazeis as relações*[33].

A vereação e os desembargadores não ocupavam, por certo, todo o edifício (ou edifícios), já que na Crónica d'el-Rei D. Afonso V, por Duarte Nunes,

dá-se notícia de que o infante D. João, sétimo filho de D. João I e de D. Filipa de Lencastre, aí morava no ano de 1438, tendo recebido *Dona Maria de Vasconcellos, molher de D. Affonso de Cascaes, a qual com segurança, e consentimento do Povo, veio fallar ao Infante á casa da moeda, em que pousava, que era onde agora está a cadêa publica do Limoeiro*[34]. Este encontro com o infante D. João inseriu-se nas movimentações políticas que se seguiram à morte de D. Duarte e que conduziram à tomada da regência pelo infante D. Pedro em detrimento da rainha-viúva D. Leonor de Aragão.

Sobre a configuração externa e interna do paço podemos pouco mais do que conjecturar[35].

Alexandre Herculano, no seu *Monge de Císter*, oferece-nos uma visão romanceada de como seria esplêndido o paço de *a-par S. Martinho*, ao tempo de D. João I, com as suas elegantes ogivas, as suas escadarias soturnas, a sua frontaria matizada de vidraças coloridas e a sua mobília rendilhada. Na pena do escritor, a sala principal *era um vasto paralelograma, que duas séries de pilares polistilos dividiam em três naves (...) Os lampadários e tochas, ainda mais profusamente espalhados pela imensa quadra do que pelos aposentos contíguos e pelas escadas e galerias que para ali conduziam, tornavam perfeitamente distintas as belas linhas perpendiculares dos feixes de colunelos, as estrias dos ribetes, as subtis laçarias e bestiães do tecto de castanho almofadado, as tintas mais vivas aqui, se era possível, e os desenhos mais correctos das tapeçarias, que, descendo dentre as mísulas, forravam as quatro faces daquela magnífica sala*[36].

Para além da evocação literária de Herculano, restam-nos algumas iluminuras antigas, onde o paço é apresentado como um edifício de aspecto acastelado, maciço, com um torreão imponente coroado por um magnífico coruchéu cónico embandeirado[37].

No tempo de D. João II, já o Paço de S. Martinho funcionava como cadeia e ganhara um novo nome: Paço do Limoeiro ou, mais simplesmente e desde então, *Limoeiro*, em alusão a uma árvore

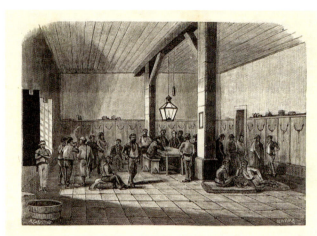

Interiores da Cadeia do Limoeiro,
da esquerda para a direita: a *enxovia n.º 1*,
o *parlatório*, a sala n.º 1 ou *sala das colunas*,
a *casa forte*, o *segredo*, desenhos de J. R.
Christino *in O Ocidente*, ano 9, 1886

que existia – supõe-se – no local e caracterizava
o sítio. Este é, seguramente, entre os diversos
nomes atribuídos ao local, o que mais resistiu à
usura do tempo, sobrevivendo até aos nossos dias.
Limoeiro passou a ser, para muitos, palavra equivalente a *cadeia* ou *prisão*[38]. Entende-se, pois, que o
padre Rafael Bluteau, no seu *Vocabulário Portuguez
e Latino*, tenha registado, para a palavra *limoeiro*,
dois significados: não só *arvore que dà limoens*, mas
também *carcere de malfeytores da Cidade de Lisboa*[39].

O LIMOEIRO: CADEIA E TRIBUNAL

O edifício aparece mencionado por Garcia de
Resende com a designação de *Limoeiro*, no relato
da fuga de um preso estrangeiro condenado à
morte que, concertado com o *Ioam Baço,* o carcereiro, fez-se passar por morto e logrou evadir-se
da igreja para onde fora levado. Dividiram-se as
opiniões dos desembargadores encarregados do
julgamento do carcereiro, entre os que se pronun-
ciavam pela morte e os que lhe queriam dar outro
destino. D. João II, por muito que quisesse castigar

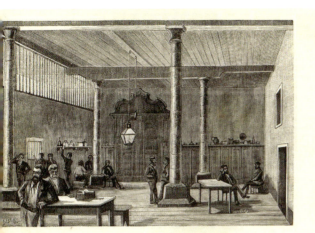  

com severidade o faltoso, acabou por juntar-se aos juízes mais benévolos, poupando-lhe a vida[40].

Outros documentos atestam o funcionamento como cadeia do antigo paço de a-par *S. Martinho*, ao tempo de D. João II. É o caso de uma Carta Régia dada a Rui de Almada, moço de capela de D. Afonso V, que fora condenado a cinco anos de degredo para Tânger, por crime de homicídio e por querer dar fuga a certos presos da cadeia do Limoeiro. D. João II perdoou-lhe o remanescente da pena, após o cumprimento de um ano de degredo, mediante o pagamento de 8.000 reais para a Arca da Piedade[41].

D. Manuel I empreendeu importantes obras no paço. Conta Damião de Góis, referindo-se ao *Venturoso*: *Fez de novo em Lisboa junto da igreja de São Martinho os Paços da Casa da Suplicação e do Cível, e cadeia do Limoeiro, obra muito magnífica, e sumptuosa, onde dantes fora a casa da moeda (...)* [42].

Com Gil Vicente, o Limoeiro passa a figurar na literatura, sendo mencionado duas vezes no *Auto da Barca do Inferno*, peça em que o esquema alegórico religioso constitui o pretexto para a apresentação de uma contundente sátira social.

Na fala do *Diabo* com o *Enforcado*, este responde, a dada altura[43]:

E no passo derradeiro
me disse nos meus ouvidos
que o lugar dos escolhidos
era a forca e o Limoeiro.
Nem guardião de mosteiro
nam tinha mais santa gente.
como Afonso Valente
o que agora é carcereiro.

E num passo mais adiante, à pergunta do *Demo* sobre se Garcia Moniz lhe falara no purgatório, o enforcado replica:

Diz que foi o Limoeiro
e ora por ele o salteiro
e o pregão vitatório.
E que era muito notório
que aqueles deciprinados
eram horas dos finados
e missa de sam Gregório.

Panorâmica de Lisboa e de Cascais, gravura
em cobre editada por G. Braunio, 1572,
Civitates Orbis Terrarum, Vol.I, Museu
da Cidade, Câmara Municipal de Lisboa

Durante muito tempo, manteve-se o Limoeiro com a dupla função de cárcere (em baixo) e de tribunal (nos pisos superiores).

Sabe-se de vários artistas que nos princípios do século XVI exerceram a sua actividade no embelezamento das salas dos tribunais, nomeadamente, executando importantes pinturas na Casa da Relação. José Ramos Coelho menciona a vinda de sete ou oito pintores da Flandres para ajudarem Francisco Henriques, encarregado por D. Manuel I de executar essas pinturas, esclarecendo que a obra ficou inacabada por causa da morte de todos os pintores, vitimados pela terrível peste que então flagelava sem piedade a cidade de Lisboa. Entre os artistas que posteriormente trabalharam no local contam-se Garcia Fernandes e Cristovão de Figueiredo.

Majestade e grandezas de Lisboa em 1552 traça um retrato do Limoeiro de meados do século XVI, com *três cadeas domes e tres de molheres*, a cadeia da cidade, a da corte e a dos degredados. Esclarece que *por riba destas prizões fica a casa das audiencias e Casa da Rellaçã, onde se despachão os feitos e se falla a elles. E ao tempo das perguntas se levão os prezos açima per dentro das casas.* Remata o autor que *nesta prizã andã os prezos largos e follgados*[44].

Eram tristemente famosos os terríveis *segredos* do Limoeiro. O número de presos aglomerados nas miseráveis enxovias, o carácter insalubre das instalações, a falta de adequado arejamento, a promiscuidade, as inúmeras violências, tudo contribuía para traçar a cores carregadas a sorte dos que tinham a desdita de ser presos na célebre cadeia.

É sabido que a pena de degredo foi largamente aplicada em Portugal e que a sua história está intimamente ligada à ocupação dos territórios conquistados e aos descobrimentos marítimos. Nas Ordenações Manuelinas, o degredo surgia com frequência. As leis extravagantes posteriores às Ordenações Manuelinas, reunidas na colecção de Duarte Nunes do Leão, continuaram a prever a aplicação do degredo, estabelecendo-o pela primeira vez para o Brasil – temporário ou perpétuo – e para a Índia. Estas regras foram, no essencial, reproduzidas nas Ordenações Filipinas, deixando de ser lugares de degredo S. Tomé, Príncipe e Ceuta[45].

Ao Limoeiro eram conduzidas levas de condenados ao degredo nos territórios ultramarinos, a fim de aguardarem nas enxovias o dia do embarque para terras longínquas. Muitos degredados embarcaram nas naus que partiram de Portugal para enfrentar o mundo desconhecido. Ilustrando este facto, Gaspar Correia, nas *Lendas da Índia*, conta-nos um episódio protagonizado por dois degredados, da armada de Vasco da Gama, que *juntos forão presos por matarem hum homem no Rocio de Lisboa, e ambos polo caso estavão condenados á forca.*

Não será exagerado afirmar que as enxovias do Limoeiro constituíam um verdadeiro depósito de gente disponível para o povoamento do vasto império português[46].

Na legislação extravagante reunida por Duarte Nunes do Leão encontramos algumas referências a várias cadeias públicas, incluindo o Limoeiro. Por alvará de 27 de Fevereiro de 1520, determinava-se que o carcereiro podia dar de comer aos escravos que por quaisquer culpas estivessem presos no Limoeiro e a quem os seus senhores não quisessem alimentar, podendo ganhar com cada um até doze reais por dia. Sendo o escravo *livre per sentença*, não seria solto sem que o seu senhor pagasse todos os seus gastos[47].

As condições de vida nas enxovias contrastavam, de forma dramática, com a opulência do tribunal. Temos notícia de que quando Filipe II esteve em Portugal, em 1619, a sala da Relação era *grande e extremadamente adornada com os retratos dos reis de Portugal*[48].

Em 1 de Dezembro de 1640, Portugal recuperou a sua independência. Logo após a defenestração de Miguel de Vasconcelos, alguns fidalgos dirigiram-se à Casa da Suplicação. Depois de exigirem que os desembargadores abrissem as portas e de assegurarem o regresso dos magistrados, em condições de segurança, às respectivas residências, D. Gastão Coutinho *abriu as cadeias e soltou todos os presos que estavam nelas, parecendo-lhe impróprio não lograrem o privilégio do dia em que se celebrava a liberdade da pátria*[49].

Figura do novo mundo, Gregório de Matos nasceu na Baía em 1633 e faleceu no Recife em 1696. Deslocou-se a Coimbra para estudar direito e permaneceu mais de trinta anos na metrópole onde desempenhou funções como magistrado. São deste mestre da sátira seiscentista, identificado como *ponto de partida da cultura brasileira* e crismado como o *Boca do Inferno*, os seguintes versos que iniciam uma das suas décimas cheias de humor corrosivo[50]:

Preso está no Limoeiro
repicando uma corrente
certo capitão valente
por matar um camareiro(...)

No reinado de D. João V, o Limoeiro recebeu beneficiações, pois o monarca mandou *fazer huma nova Cadea no Castello desta Cidade, e reedificou a do Limoeiro, que estava grandemente destruida*[51].

No fatídico dia 1 de Novembro de 1755, a terra tremeu violentamente em Lisboa. O grande terramoto semeou destruição e morte. O Limoeiro ficou seriamente danificado, produzindo-se a derrocada total da Cadeia da Cidade e parcial da Cadeia da Corte, havendo notícia de que os presos puseram-se todos em fuga. Apesar da severidade dos danos, o prior da paróquia de S. Martinho, respondendo ao inquérito de 1758 efectuado junto dos diversos párocos da cidade, informou que a Cadeia da Corte já estava, ao tempo, reabilitada, estimando-se, com base nas suas informações, que o número de presos rondaria as quinhentas pessoas[52].

Em 1756, Ribeiro Sanches alertava para a importância da salubridade das prisões como medida preventiva de saúde pública, mencionando o exemplo do Limoeiro onde com frequência grassavam febres malignas que vitimavam também a vizinhança[53]. O Aviso Régio de 21 de Fevereiro de 1758 mandou transferir do Limoeiro para o Hospital Real, para S. João de Deus e para o Tronco, os presos enfermos das cadeias do Limoeiro que estivessem por culpas leves, soltando-se os *que couberem no poffivel*, alguns mediante fiança, e ordenando-se que os padecentes de sarna fossem separados dos restantes para não comunicarem a doença aos presos sãos. Segundo o mesmo Aviso, já em 1746 e pelos mesmos motivos tinham sido tomadas medidas destinadas à redução do número de presos das ditas cadeias[54].

Em 1758, os tribunais da Casa da Suplicação foram transferidos para as casas históricas dos condes de Almada, junto ao Rossio[55].

Carrère deixou-nos um testemunho impressionante sobre o estado das prisões de Lisboa, no ano de 1796. Conta-nos esse visitante estrangeiro[56]: *Não existe nada mais horroroso que as prisões de lisboa; o homem honesto, mas infortunado, está ali confundido com os bandidos, os celerados que merecem muitas vezes a morte e cuja presença basta para constituir um suplício. Estão todos na mesma prisão e participam na mesma palha onde dormem e que apenas é renovada de ano a ano. Esta palha é calcada por uma multidão de indivíduos que se vão sucedendo na sua passagem por ali, que em cima dela anda, e dormem, suam, escarram e urinam. Esta palha está sempre húmida, podre, infecta — e os desgraçados metidos nestes lugares não têm outra cama.*

Sobre a alimentação dos presos:
Não se providencia por qualquer forma à alimentação dos desgraçados prisioneiros. Os que não têm com que pagar, e é o maior número, passam por vezes dois ou três dias sem comer, não tendo outros recursos que algumas esmolas, sempre incertas, sempre insuficientes na sua maioria, que algumas almas caridosas fazem chegar às suas enxovias.

No ano seguinte ao do testemunho de Carrère, o poeta Barbosa du Bocage deu entrada na cadeia do Limoeiro, no dia 7 de Agosto, como consta do *fac-símile* da folha do livro de registo de presos, reproduzido por Rocha Martins. Na margem esquerda do registo vê-se a abreviatura *Sg* que parece sugerir que o poeta terá sido levado inicialmente para uma das celas do *segredo*, nos subterrâneos do edifício, corroborando as seguintes estrofes que integram o poema *Trabalhos da vida humana*:

Para a casa dos assentos
Caminho com os pés forçados
Alli meu nome se ajunta
A mil nomes desgraçados.

Para o volume odioso
Lançando os olhos a medo,
Vejo pôr – Manuel Maria,
E logo á margem – segredo.

Depois de uma penosa permanência no Limoeiro de que deu conta em versos doloridos, Bocage foi transferido, em 14 de Novembro de 1797, para o cárcere da Inquisição de Lisboa, no Palácio dos Estaus, no Rossio, e daí para o Convento de S. Bento da Saúde, em 17 de Fevereiro de 1798[57].

Menos conhecida é a história, porventura mais trágica, do poeta Pedro Correia Garção, nascido em Lisboa no ano de 1724, sócio n.º 4 da Arcádia Lusitana, com o pseudónimo literário de *Corydon Erimantheo*. Na noite de 9 de Abril de 1771, por ordem assinada pelo punho do Marquês de Pombal, Correia Garção ingressou no Limoeiro, por razões que continuam envoltas em mistério. Do seu tempo como prisioneiro conhecem-se alguns poemas, como o soneto em que conclui, nos dois tercetos[58]:

Com vozes mais sonoras e pungentes,
Na choça estão de Corydon cantando
A triste mãe, os filhos inocentes:

Não ao som de áureas liras modulando,
Mas com devotas lágrimas ardentes
Pela vida de Tyrse ao Céu clamando.

Quando chegou a ordem da sua soltura, em 10 de Novembro de 1772, o infeliz poeta jazia agonizante no Limoeiro, de onde saiu para a cova[59].

Nos finais do século XVIII, o conde regedor das Justiças, em nome da rainha D. Maria I, mandou que se traçasse um plano do novo edifício, para Casa da Suplicação e prisão, sendo encarregado, primeiramente, o arquitecto Francisco António Cangalhas e, posteriormente, Volkmar Machado. Preconizando que, tendo de haver prisão, *deve ella ser ampla, commoda, salubre; capaz não só de ter seguros, mas tambem occupados muitos individuos de todas as idades*, Volkmar Machado elaborou um projecto ambicioso para palácio da Casa da Suplicação e cadeia, contemplando a separação dos presos por gravidade de delitos, a existência de enfermarias, andar para convalescentes, cadeia para mulheres e dormitório de rapazes para receberem ensino de trabalho e boa educação. Os desenhos foram efectuados *muito a contento do Regedor, e tambem do Marquez de Ponte de Lima Inspector das Obras publicas, e forão approvados por Sua Majestade*[60]. Lamentavelmente, o projecto não chegou a ser concretizado, apesar da sua aprovação superior.

EPISÓDIOS DA VIDA DO LIMOEIRO NO SÉCULO XIX

Durante o século XIX, o Limoeiro continuou a cumprir a sua infausta missão, enclausurando por detrás das suas paredes vetustas grandes e pequenos criminosos, ao lado de muitos cuja falta consistia, apenas, na dissidência com o poder instituído.

Entre as personalidades de vulto que conheceram o cárcere, no início do século XIX, conta-se Hipólito da Costa, fundador, em 1 de Junho de 1808, do *Correio Brasiliense* ou *Armazém Literário*, tido como o primeiro órgão da imprensa brasileira, ainda que fundado e publicado no estrangeiro. Após o seu regresso de Londres, onde se deslocara incumbido pelo ministro D. Rodrigo de Sousa Coutinho da compra de livros para a Biblioteca Pública, de máquinas e mais objectos pertinentes à Impressão Régia e *outras coisas*, Hipólito da Costa foi preso, em 1802, como maçónico, sendo conduzido ao segredo do Limoeiro. Decorridos alguns dias, compareceu perante o juiz e solicitou que o retirassem daquele castigo. O corregedor do crime respondeu-lhe, referindo-se a Pina Manique, que o *Intendente Geral da Polícia costumava demorar no segredo os seus prezos os dias, mezes, e annos que julgava conveniente, sem que ninguem lhe tomasse disso conta*. Hipólito da Costa continuou a experimentar durante seis meses os rigores do segredo, antes de ser transferido para os cárceres da Inquisição. Aí ficou por dois anos e meio num pequeno quarto de 8 por 12 pés, mobilado com um enxergão, um vaso, *que se despejava de 8 em 8 dias, enquanto eu ia à missa*[61]. Exilado em Londres, o criador da imprensa política em língua portuguesa publicou o seu *Correio Braziliense* desde Junho de 1808 até Dezembro de 1822, num total de 175 números mensais, de 72 a 140 e mais páginas, perfazendo 29 volumes.

O poeta madeirense Francisco Álvares da Nóbrega, nascido a 30 de Novembro de 1773, conhecido como o *Camões Pequeno*, experimentou, como Bocage, a perseguição das autoridades que não lhe admitiam a irreverência dos seus versos. Preso no dia 16 de Janeiro de 1803, de madrugada, escreveu no Limoeiro alguns dos seus melhores sonetos, três dirigidos a Bocage e quinze dedicados ao futuro D. João VI, impetrando o perdão real. Num desses sonetos, o poeta protesta a sua inocência com os seguintes versos[62]:

Junot protegendo a cidade de Lisboa (alegoria), pintura de Domingos António de Sequeira, Museu Nacional de Soares dos Reis

Príncipe Excelso, em lúgubre masmorra
A que jamais dá luz do Sol o facho,
Gemo ao som do grilhão infame e baixo,
Sem ter piedosa mão que me socorra;

Por mais e mais que pense, e que discorra,
Em minha vida um crime só não acho;
Seja, qual o meu delito, o meu despacho;
Que me soltem mandai, ou que enfim morra.

Quem culpa cometeu, é bem que pague,
E a cadeia fatal, que o pé lhe oprime,
Com lágrimas de dor embora alague;

Porém não consintais que se lastime
Na mesma estância, e em confusão se esmague
A singela inocência a par do crime.

Devolvido à liberdade, viveu tristemente os últimos anos da sua vida, afligido pela lepra e no meio de grandes privações, até que decidiu cortar o fio da sua atribulada existência, em data não identificada do ano de 1806.

Não é muito clara a história da prisão do pintor Domingos António Sequeira. O artista teria acamaradado, durante a ocupação francesa, com o conde de Forbin, oficial de estado-maior do exército invasor, tendo executado várias obras picturais encomendadas por Junot ou por militares franceses, cuja língua conhecia e com quem convivia.

Quando os franceses deixaram Portugal, as relações do artista com os antigos ocupantes acarretaram-lhe perseguições por alegada falta de patriotismo e suspeitas de jacobinismo. Instauraram-lhe um processo, perante o Juízo da Inconfidência, no qual depuseram como testemunhas alguns dos seus colegas de profissão que trabalhavam nas obras do palácio da Ajuda. Preso em Dezembro de 1808 e conduzido à cadeia do Limo-

eiro, Sequeira só logrou recuperar a sua liberdade em Setembro de 1809[63].

O poeta Francisco Maria Bingre (1763-1856), o *Cisne do Vouga* ou *Francélio Vouguense*, na série poética *Aventuras Amorosas e Lograções*, de 1824, desenha quadros vivos da sociedade lisboeta sua contemporânea, repletos de elementos burlescos e maliciosos, em que o Limoeiro é, algumas vezes, evocado. No texto de *Namoro sexto e sexta logração*, o autor conta-nos, com muita graça, as aventuras de um jovem namoradeiro que combinara três encontros amorosos com três irmãs, à mesma hora, na casa onde todas viviam, cada uma desconhecendo o que se passava com as outras. Desmascarado o enredo, o tratante logo fugiu, enquanto a criada gritava «Aqui d`el-rei! Ladrões!». O poeta conclui o poema com os seguintes versos[64]:

Tomei a escada dum pulo,
Mais leve que Dom Quixote.
Caiu-me o chapéu e com ele
Deixei na sala o capote.

Acudiram sapateiros
E os taberneiros c'os chuços.
D'ir dormir ao Limoeiro
Não me faltaram soluços.

Como em Africa três lanças
Eu quis meter, papelão,
Foi bem empregada a surra,
Foi bem feita a logração.

Num registo totalmente diverso, é sombrio o quadro traçado por Oliveira Martins, reportando-se ao Limoeiro como *sala de espera* de S. Julião, no auge do terror miguelista: *Os homens eram amontoados, empurrados a pau para a sociedade dos assassinos, nessas salas imundas, habitação de misérias infer-*

nais. Davam-lhes sovas de cacete miguelista, e por dia um
quarto de pão e caldo, onde flutuava, raro, alguma erva[65].

Entre os vultos que passaram pelo Limoeiro, como antecâmara de S. Julião, assinala-
se Manuel Borges Carneiro, eminente político,
jurisconsulto e magistrado, que chegou a desem-
penhar funções na Relação do Porto e na Casa
da Suplicação. Com a restauração do absolutismo, foi preso no Limoeiro e daí passou para
S. Julião da Barra, onde penou durante cinco
dolorosos anos. Transferido para Cascais, veio a
morrer pouco depois, sem poder gozar do triunfo
das forças liberais.

Desses tempos violentos em que os portugueses
se envolveram numa luta fratricida resultaram
algumas trovas populares, como esta[66]:

D. Miguel vae pró altar,
Com dois palmitos aos lados,
Em quanto se abrem as masmorras
Para metter os malhados.

Dessa época conturbada há que recordar o
episódio dos lentes assassinados junto a Condeixa,
quando vinham, de Coimbra a Lisboa, dar os
parabéns a D. Miguel pelo seu regresso. Dos doze
estudantes de Coimbra envolvidos no crime, nove
foram presos por populares. Conduzidos a Lisboa,
foram encarcerados no Limoeiro, de onde saíram
três meses depois, no dia 20 de Junho de 1828,
para serem enforcados no patíbulo erguido no
Cais do Tojo[67].

No dia 24 de Julho de 1833, as tropas liberais
triunfam em Lisboa. Conforme narra o marquês
de Fronteira e Alorna, logo que constou que as
forças da guarnição de Lisboa principiavam a
sua retirada, a população da capital pronunciou-
se, arrombando as portas das cadeias e soltando
alguns milhares de presos políticos que nelas exis-
tiam. No momento do desembarque do duque da

João Brandão, fotografia, *in Galeria de
Criminosos Célebres em Portugal*, 2.º vol.,
Typographia da Papelaria Palhares,
Lisboa, 1897

Borges Carneiro, retrato, Domingos António
de Sequeira, *in O Ocidente*, 2.º ano, vol II,
n.º 39, 1 de Agosto de 1879

Terceira, era grande o entusiasmo *e a physionomia dos immensos presos sahidos das enxovias do Limoeiro affectava-nos, porque denunciava os soffrimentos e fomes por que tinham passado*[68].

Nos anos convulsos que se seguem, o Limoeiro não deixou de ser utilizado com frequência para pôr a bom recato os adversários da *situação vigente*.

Foi o que ocorreu ao tempo da batalha de Torres Vedras, de 22 de Dezembro de 1846, durante a violenta guerra civil que ficou conhecida como *Patuleia*. Bulhão Pato, nas suas *Memórias*, regista a chegada dos prisioneiros de Torres Vedras a Lisboa e o nome de alguns dos presos políticos que se acumulavam no Limoeiro[69].

No dia 29 de Abril de 1847, ocorreu uma tentativa de sublevação em Lisboa que acabou por soçobrar. Assaltada a cadeia do Limoeiro, dos 1026 presos que aí estariam encarcerados, apenas 16 se mantiveram na prisão, seguindo-se uma verdadeira caça ao homem pelas ruas da cidade, à força de bala e de golpes de baioneta, que ficou conhecida como *a montaria*, de que resultaram várias vítimas mortais entre fugitivos e população[70].

Em 1870, o célebre João Brandão escreveu as suas memórias na cadeia do Limoeiro, enquanto aguardava a decisão do recurso que tinha interposto da sentença que o havia condenado a trabalhos públicos por toda a vida na África Oriental. O seu pai tinha tomado parte na actividade guerrilheira anti-miguelista e, após a vitória dos liberais, a sua família prosseguira no combate às guerrilhas que resistiam no centro do país. Durante o movimento da *Patuleia*, João Brandão comandou, como cartista, o Batalhão Nacional de S. João de Areias. Figura controversa, herói com dimensão de legenda para uns, vil celerado para outros, granjeou inimigos poderosos e foi acusado de inúmeras malfeitorias, acabando por ser julgado e condenado pelo roubo e assassínio do padre Portugal. O seu processo teve grande eco nos jornais e apaixonou as opiniões. Na carta que

dirigiu ao governador civil de Lisboa, em 18 de Junho de 1870, queixa-se João Brandão da inoperância da polícia que não obstava às manifestações ruidosas junto ao Limoeiro:

Achando-me sob a tutela da lei, e encerrado em uma masmorra, pedia a justiça e a humanidade, que eu fosse respeitado. Não sucede assim, infelizmente, porque oiço todos os dias, e a todas as horas, arrastar o meu nome e o de minha desventurada esposa, até mesmo defronte da janela da minha prizão, nas cantigas mais abjectas e degradantes, entoadas pelos cegos, e apregoada a obscenidade escandalosa e inaudita, pelos garotos professos. Uns e outros representam, a meu ver, um papel ensaiado por aqueles que desejam a minha ruína e promovem a minha desgraça[71].

Confirmada a sentença que o condenara, João Brandão embarcou no vapor D. Pedro, em 9 de Outubro de 1870, para cumprir o seu degredo, não mais tendo regressado a Portugal.

Na segunda metade de oitocentos o Limoeiro não deixou de marcar presença na obra de alguns escritores, sob os mais diversos pretextos.

Eça de Queiroz, em *Uma campanha alegre*, reuniu algumas das suas *Farpas*. Num desses registos, de Julho de 1872, descreve o enxoval dos presos do Limoeiro que partiam para o degredo: uma camisa, uma calça, um boné e um par de sapatos. Tendo presente que na última leva os presos tinham sido vistos a sair da cadeia em farrapos a maior parte, e um ou dois quase nus, Eça, no seu estilo inconfundível, conclui:

As autoridades entenderam, e bem, que para um degredado, um zero, um farrapo humano, uma sombra pisada, uma vida em rodilha – uma camisa era de mais. Era. Para um degredado, em Portugal, uma camisa era afrontoso. Uma camisa tem um desembargador!

Na noite de 17 de Janeiro de 1879, foi representada no Teatro do Ginásio Dramático, em Lisboa, a peça *Viagem à roda da Parvónia*, em *4 actos e 6 quadros*, de Guerra Junqueiro e Guilherme de Azevedo, que teve uma das estreias mais tumultuosas de que havia memória na capital.

Entre diversos episódios que analisam os tiques e ridículos da vida lisboeta, surge, no Acto II, uma paródia aos deputados, com uma moção apresentada à ilustre câmara que, a dada altura, reza assim:

O melhor hotel qual é?
Perguntou-me um estrangeiro.
Se quiser fazer figura,
O melhor é o Limoeiro.

Anos antes, em 1865, havia estreado a opereta em um acto, intitulada *No Limoeiro – episódio da vida artística*, com libreto de A. Varela e música de João R. Cordeiro. Escrito para tenor, barítono e baixo, o argumento, de uma grande singeleza, situa a história em dois quartos do Limoeiro, onde se encontram presos por dívidas um músico e um poeta. A dada altura, canta o poeta na sua ingénua *romanza*, recordando o exemplo dos que foram tocados pela musa inspiradora enquanto sofriam as agruras do cárcere[72]:

Também sei que uma prisão
um talento exalta ardente
com divina inspiração:
e bem vezes com razão
teem gabado uma prisão.
Mas ao ver as andorinhas
no espaço a voltejar,
confesso que a liberdade
não pode prejudicar.

Em 1881, o poeta Gomes Leal – que Guerra Junqueiro definiu como *um relâmpago de génio numa noite de loucura* - publica *A Traição*, dirigida ao rei D. Luís, em estilo panfletário, numa altura em

que corriam boatos sobre a venda de Lourenço Marques à Inglaterra. Na pena do autor, a dinastia de Bragança é apresentada como *casa de execração* e todos os seus reis dão nota dos piores vícios. *A Traição* fez de Gomes Leal o homem do dia e levou-o ao Limoeiro. Enquanto Augusto Maria Costa d'Alcântara publicava uma carta[73], intitulada *Admiração!*, em defesa do rei e refutando o panfleto incendiário de Gomes Leal, este, ainda preso, obtinha um enorme eco público, o que dava alguma razão a um tal *Militão Bezerra* que, no Correio da Noite de 4 de Julho de 1881, publicava os seguintes versos:

O vate Gomes Leal
Por ordem de El-Rei, meu amo,
Lá está pagando o reclamo
Cos ossos no Limoeiro.
Já hoje vendeu quinhentos
exemplares da Traição.
Vai fazer nova edição
Dedicada ao carcereiro.

Da riquíssima tradição oral, recolhida por António Tomás Pires, chegaram-nos estes cantos[74]:

Sou maltez examinado,
Já estive no Limoêro,
Dêvo ó meu bem amado
O não estar prisionêro. (Alentejo)

As grades do Limoeiro
São sete, que eu as contei,
Três de ferro, três de bronze,
Uma d'oiro que é d'el-rei. (Alentejo)

As grades do Limoeiro
São quarenta, eu as contei,
P'r aquella mais frondeirinha
Por pouco me não 'scapei. (Douro)

Você diz arromba, arromba,
Não se arromba sem dinheiro;
Esta noite arrombei eu
As portas do Limoeiro. (Estremadura)

As grades do limoeiro
São vinte que eu as contei
Por causa de uma menina
Aos ferros d'el-Rei cheguei. (Beira Baixa)

Entre as quadras intituladas *Testamento da Velha*, também de sabor popular, encontramos:

Deixo mais por caridade
Aos prezos do Limoeiro
Que não saião para a rua
Sem serem soltos primeiro.

Dos episódios que marcaram o Limoeiro no último quartel do século XIX, destaca-se a revolta dos presos ocorrida a 21 de Outubro de 1891, por ocasião da saída de uma leva de condenados a degredo e de presos por vadiagem mandados para África. Com grande divulgação na imprensa da época, os relatos publicados em jornais como o Século ou o Diário Ilustrado evidenciam os diferentes alinhamentos políticos que já então estavam em confronto e anunciavam os novos ventos da República[75].

O LIMOEIRO VISTO POR DENTRO NO SÉCULO XIX

Desde o início do século, a privação da liberdade tornou-se a pena mais defendida, por toda a Europa, em detrimento das velhas penas corporais.

Discutia-se, com vigor, as vantagens e desvantagens dos chamados sistemas *auburniano* (de isolamento nocturno com trabalho diurno em comum) e *filadelfiano* (de prisão celular integral, com isolamento diurno e nocturno).

Durante a primeira metade do século XIX, será glosado por diversas vezes o tema da reforma das prisões portuguesas e a necessidade de construir, em Lisboa, uma nova cadeia pública, de acordo com as novas concepções que atribuíam à reclusão um papel fundamental na regeneração dos delinquentes.

Em 1827, Almeida Garrett defendera: *As cadeias nos governos constitucionais devem ser logares de detenção e segurança, e não de afflicção e tormento: d'ellas se deve affastar a dureza do tractamento e a espantosa miséria, que são suas companheiras nos governos despoticos*[76].

O relatório da comissão das cadeias da capital, instalada em Janeiro de 1834, manifestou consternação pela nudez dos presos das enxovias, na estação mais rigorosa do ano, propondo a mudança das mulheres para o Aljube. Reconhecendo as insuficiências do Limoeiro, a comissão sugeriu que se procurasse novo edifício mais adequado[77].

Herculano, em 1844, descreveu o Limoeiro como *edifício imundo, miserável, insalubre, que por si só bastara a servir de castigo a grandes crimes*[78].

O *regulamento provisório da polícia das cadeias*, de 16 de Janeiro de 1843, publicado no Diário do Governo de 3 de Março do mesmo ano, procurou melhorar a situação dos presos e o funcionamento da cadeia, mas confirmou algumas práticas antigas, como a nomeação de alguns presos como *empregados* das prisões: o *juiz*, o *escrivão*, o *barbeiro*, o *varredor* e o *muxingueiro*. Entre todos pontificava o *juiz* – um preso que exercia autoridade sobre os outros presos que não poucas vezes explorava com despudor das mais diversas formas.

João Cândido de Carvalho, que experimentou por diversas vezes a prisão, descreveu a vida no Limoeiro com grande vivacidade e riqueza de pormenores, desde o momento do registo na *casa dos assentos* onde havia *uma craveira para medir as polegadas do preso*, até à entrada nas *salas* ou nas *enxovias*.

Fala-nos da luz opaca que mal entrava na enxovia por algumas janelas quase rentes ao chão, mal se distinguindo os mais de cem vultos dos encarcerados, que compara a espectros. Dos presos, *uns destes çapateiam; porque ou sabem esse officio, ou o aprenderam alli; outros batem com massos de pau sobre pedras, e cepos feixes de esparto, alli se differençam três ou quatro quasi nús, catando em uns poucos de farrapos çujos, e asquerosos os piolhos, que tiram às mãos cheias, aqui existem uns poucos abanando alguns fogareiros, sobre os quaes cozem, e fregem carapáos, sardinhas, e outros peixes (...)*[79].

Sebastião José Ribeiro de Sá, referindo-se aos mencionados *juízes de prisão*, denuncia: *Para o preso pôr um barrete na cabeça ha-de pagar ao juiz; para se deitar em cama também lhe ha-de pagar. O juiz é o vendedor único e monopolisador do pão, do vinho, dos cigarros, e de tudo quanto o preso precisa.* E, mais adiante, remata: *Como deixam viver os presos juntos, e confundidos, entendem que a polícia das prisões deve estar confiada aos facinorosos mais valentes*[80].

Não espanta, pois, que Manuel António Esteves, conhecido como o *Troca*, tendo sofrido mais de vinte prisões, algumas por crimes graves, passando largos anos na cadeia sem dar quaisquer mostras de emenda, tivesse a reputação de ser um excelente *juiz de prisão*, por ser muito temido pelos outros presos[81].

Ribeiro de Sá, relatando uma visita que fez ao Limoeiro, na companhia do Procurador Régio, dá conta de que nas salas e nas enxovias os presos dormiam parte no chão, e outra parte em enxergas que mandavam vir de casa e que enrolavam a um canto durante o dia[82].

O jornalista Faustino da Fonseca, tendo por base a sua experiência pessoal como preso durante três meses, legou-nos um quadro muito completo sobre o quotidiano no Limoeiro[83]. Caetano Alberto, por seu lado, visitou a cadeia e publicou o relato das suas impressões na revista *O Occidente*, em 1886, juntamente com os desenhos de J.R. Christino. Finalmente, o jornalista Heliodoro Salgado, preso por delito de opinião, deixou-nos uma descrição

O Troca ou *Troca-Tintas* que ganhou fama como juiz de prisão, retrato, *in Galeria de Criminosos Célebres em Portugal*, 1.º vol., Typographia da Papelaria Palhares, Lisboa, 1896

detalhada da organização do espaço interno do Limoeiro e da vivência dos presos, publicada na *Revista Illustrada*, em Outubro e Novembro de 1891.

Através dos relatos destes autores ficamos a conhecer o aspecto da secretaria da cadeia, o pátio onde se procedia à distribuição do rancho aos presos, a chamada *prisão do carrasco* que ao tempo servia de caserna dos faxineiros, bem como as zonas disciplinares destinadas aos mais insubmissos – a *casa forte* e os *segredos* (o *comprido* ou *claro* e o *segredo escuro*). Verdadeiro terror dos presos, a *casa forte* tinha, para o lado do rio, uma grande janela gradeada, sem portas nem vidraças, deixando o encarcerado exposto ao frio e ao vento.

Chegado o preso à secretaria, era recebido pelo guarda-livros e registado em livro próprio. Os presos com posses eram encaminhados para os quartos ou para as salas-prisão, pagando o respectivo *aluguer*. Os menos afortunados eram destinados às enxovias.

Das salas-prisão, a mais célebre era a *sala n.º1*, conhecida como *sala das colunas*, já que segundo uma velha tradição, não confirmada, teria sido o lugar do assassínio do Andeiro. Com quatro colunas de mármore de grande altura e janelas para o lado do rio (um corredor separou-a das janelas que davam para rua), a *sala n.º1* destacava-se das demais dependências por uma certa grandiosidade.

Em meados do século XIX foram instalados, nas salas e nas enxovias, os *bailiques*: estrados de madeira do tamanho de um leito, com dobradiças pregadas à parede, onde os presos estendiam as suas enxergas para dormir e que, durante o dia, eram levantados na vertical. Apesar de constituir uma melhoria, a generalização dos *bailiques* foi criticada por Aires de Gouveia, por entender ser muito mau para a saúde que mal o preso se erguesse logo os leitos fossem *encaixotados com a roupa contra a parede*[84]. O excesso de presos em relação aos *bailiques* dispo-

níveis determinava que, por vezes, muitos presos tivessem que dormir sobre enxergas assentes no pavimento.

No segundo andar ficavam as enfermarias de Santo António, S. José e S. Joaquim.

O pátio era reservado aos presos que quisessem trabalhar, sendo o trabalho pouco variado: escovas, capachos, bancos, mesas, caixas e pouco mais.

O rancho, preparado num enorme caldeirão suspenso, era composto de massa, feijão, arroz e toucinho, sendo fornecido aos presos pobres a horas predeterminadas, de manhã e à tarde. Cada preso recebia, com o rancho da manhã, meio pão de munição que lhe devia chegar para o dia inteiro. O vinho, para evitar desordens, era racionado. Os restantes presos ou cozinhavam por sua conta, ou mandavam vir a comida de fora, ou serviam-se do *bailique* do *juiz* que funcionava como banca de comércio dos mais diversos produtos.

Nos finais século XIX, multiplicaram-se as críticas ao funcionamento da cadeia do Limoeiro. Latino Coelho, discursando na Câmara dos Pares, aponta o Limoeiro como nódoa que desonra e envilece a capital[85].

Gervásio Lobato, conhecido jornalista, novelista e comediógrafo, assina na edição de 1 de Outubro de 1882, da revista *O Occidente*, uma crónica em que escreve:

Ao pé do que é o Limoeiro, tudo que me tinha dito d'elle a má língua nacional, não passava d'um sonho côr de rosa de poeta lyrico de bom paladar. O Limoeiro não se descreve n'um jornal limpo. Imagine-se tudo o que há de mais immundo, de mais asqueroso, na alma humana e nos caneiros publicos, e terão uma pallida imagem do Limoeiro[86].

Com o decurso dos anos, tornava-se cada vez mais evidente a inadequação da velha cadeia às concepções e aos propósitos que haviam presidido à importante reforma introduzida pela Lei de 1 de Julho de 1867 e que conduziu à abertura, em 1885, da Cadeia Penitenciária de Lisboa.

O CASO MATOS LOBO E O ÚLTIMO CARRASCO

No dia 16 de Abril de 1842, em Lisboa, passava pouco do meio-dia, quando Francisco Matos Lobo subiu as escadas da forca.

Matos Lobo, na noite de 25 para 26 de Julho de 1841, cometera um quádruplo homicídio, no n.º5, 1.º andar, da Rua de S. Paulo. Uma das vítimas logrou sobreviver ao ataque brutal pelo tempo necessário para identificar o seu algoz, morrendo de seguida.

Preso e levado ao quartel do Carmo, foi depois conduzido ao Limoeiro, no meio de uma grande escolta da guarda municipal.

Depois de tentar o suicídio, foi julgado e condenado a morrer na forca.

Júlio Dantas reconstituiu a cena, com base em memórias e cartas a que teve acesso. Envergando a alva dos condenados, com o laço da corda que o haveria de enforcar já ao pescoço, descalço e sentado numa cadeira de espaldar, amarrado de pernas e busto para que o corpo não descaísse, assim assistiu Matos Lobo à sua última missa.

Às 11 horas o préstito saiu do Limoeiro, abrindo caminho um pelotão da cavalaria. Dobravam os sinos por toda a cidade e ouvia-se o rumor do povo nas ruas.

No Cais do Tojo da Boa Vista erguia-se a forca. O condenado subiu a custo ao patíbulo e, no momento em que o prior de Marvão lhe dirigia palavras consoladoras, aconteceu o imprevisto: o sacerdote caiu fulminado por uma apoplexia. Este facto veio corroborar uma quadra do chamado *Testamento de Francisco Mattos Lobo na Cadeia do Limoeiro*[87]:

Ao padre q'for dizendo
Com Christo irás fallar
Eu lhe direi de vontade
Que vá elle em meu lugar.

Francisco Matos Lobo, retrato, *in Galeria de Criminosos Célebres em Portugal*, 2.º vol., Typographia da Papelaria Palhares, Lisboa, 1897

Incêndio no Limoeiro em 1919: a remoção
de presos para o Forte de Monsanto,
e aspectos do combate ao fogo. Fotografias
de Serra Ribeiro *in Ilustração Portugueza*,
2.º S., vol. 27, respectivamente, n.º 691,
de 19.5.1919, e n.º 690, de 12.5.1919

Quanto a Matos Lobo, sofreu o horrível castigo dos seus actos, balouçando-se suspenso na corda e custando a morrer por falta de perícia do executor[88].

Luís Alves, também conhecido como *Luís Negro*, foi o último carrasco.

Envolvido, ainda jovem, nas guerras entre absolutistas e liberais, Luís Alves, após diversas peripécias, viu-se acusado em dezoito processos, sendo julgado em Vila Pouca de Aguiar e condenado a morrer na forca. Confirmada a sentença, restou-lhe aceitar a comutação da pena, prestando-se a exercer o odioso cargo de carrasco.

O visconde de Ouguella, conhecido defensor de ideais humanitários e firme opositor da pena de morte, deixou-nos um retrato muito benévolo de Luís Alves, que na única ocasião que lhe surgiu de executar um condenado logrou evitar o cumprimento da sua terrível função mediante a oferta de três pintos ao seu imediato.

Camilo Castelo Branco, grande amigo do visconde, não deixou de observar, porventura com alguma ironia, que *não podemos favorecer a memoria d'este executor da justiça, asseverando que elle cumpriu os seus deveres; porquanto, do contexto da obra vêr-se-ha que Luiz Negro, quando tinha de enforcar, pagava a quem o substituísse.*

No dia 18 de Agosto de 1873, no Limoeiro para onde havia sido removido em 1845, Luís Alves faleceu, sendo a sua morte anunciada dois dias depois na primeira página do Diário de Notícias. Com Luís Alves desaparecia *o último representante d'esses desgraçados, cuja perversidade e destino fatídico, a sociedade aproveitava como instrumento da sua fria e calculada vingança*[89].

BREVES EPISÓDIOS DO SÉCULO XX E CONCLUSÃO

Nas edições do jornal *O Dia* de 25, 27 e 28 de Agosto de 1902, a reportagem não assinada *O Limoeiro* inaugurou um inquérito intitulado *Miséria em Lisboa*. O panorama que nos oferece sobre a vida na velha prisão não difere do que era conhecido no último quartel do século XIX.

No novo século, o Limoeiro prosseguiu o seu trajecto, não ficando imune aos novos ventos da história.

Encontramos um curioso sinal desta sintonia com os tempos nas fotografias publicadas na revista *Brasil-Portugal* que ilustram a expulsão das ordens religiosas e a condução dos jesuitas do Barrro e de Campolide, sob escolta de cavalaria e infantaria, do forte de Caxias para a cadeia do Limoeiro[90]. Poucos dias após a proclamação da República, contavam-se por centenas os padres e freiras que se encontravam no Limoeiro, em Caxias, no Aljube, nos calabouços do Governo Civil e no Arsenal da Marinha.

Em termos globais, o número de presos condenados e detidos nas várias cadeias do País baixou

de forma considerável, entre 1908 e 1926, o que não se fez notar, no entanto, na cadeia civil de Lisboa.

Fazendo jus à sua fama de *casa maldita*, o Limoeiro foi atingido por um grande incêndio no dia 3 de Maio de 1919.

Ao que parece, o fogo teve origem criminosa, correndo duas versões: que o fogo havia sido lançado pelos presos com o pretexto da falta de água por motivo da greve dos operários da Companhia das Águas; que o fogo tinha sido desencadeado para permitir a fuga dos autores do sinistro.

As chamas atingiram o edifício da ala sul, fronteira ao Tejo, tendo sido combatidas pelos bombeiros municipais, havendo que lamentar a morte de um bombeiro, na sequência da quebra de uma escada *Magirus* por onde subia. Os presos foram conduzidos para várias prisões e para o forte de Monsanto, recolhendo ao hospital de S. José os que estavam doentes na enfermaria[91].

Iniciada a reconstrução, o Diário de Notícias de 21 de Setembro de 1933 dava conta da próxima inauguração da nova ala sul, cujo aspecto exterior, desprovido de interesse estético, era já, no essencial, o que podemos ver na actualidade.

Belo Redondo, em 1932, dá notícia de uma figura da cadeia, de seu nome Ivan Munu. Natural da Roménia, era tripulante de um navio que o comandante abandonou no porto. Preso como vadio, Ivan entrou no Limoeiro em 1917. Acomo-

dado às condições de vida na cadeia, desprezou a liberdade e teimou em ficar no Limoeiro, mesmo quando já não havia fundamento legal que o justificasse, não havendo quem o demovesse. Aí se mantinha, em 1932, trabalhando como moço de cozinha[92].

Ainda se andava a remodelar a ala sul, quando o edifício virado a oriente foi atingido pelo fogo, em 16 de Maio de 1933, ao que se julga por motivo de acidente com um maçarico[93].

As obras de reconstrução e remodelação do edifício prolongaram-se pela década de 1940. A actual capela, construída com recurso ao trabalho dos presos, foi sagrada no dia 7 de Setembro de 1945, em cerimónia presidida pelo bispo de Vatarba, sendo celebrada a primeira missa, no dia seguinte, sob a presidência do Arcebispo de Lourenço Marques. Fazendo fé em fotografias da época, todo o primeiro andar do edifício virado a oriente, com excepção da capela, estava por reconstruir em Setembro de 1945. Da reconstrução resultou um elegante conjunto arquitectónico de aspecto solarengo que contrasta, flagrantemente, com o desinteressante edifício principal.

Durante o século XX, o Limoeiro não deixou de estar presente nos textos de alguns dos nossos escritores. Assim aconteceu com Fernando Pessoa que, em 1935, escreveu estes versos dirigidos a António de Oliveira Salazar[94]:

Placa comemorativa da inauguração
do refeitório da Cadeia do Limoeiro
(actual auditório do CEJ)

Coitadinho
Do tiraninho!
O meu vizinho
Está na Guiné,
E o meu padrinho
No Limoeiro
Aqui ao pé,
Mas ninguém sabe porquê.

Na obra de José Rodrigues Miguéis encontramos diversas referências à velha prisão, apresentada como um «sinistro e amarelento casarão» em *Escola do Paraíso, Idealista no Mundo Real, Saudade para a Dona Genciana* e *É Proibido Apontar.*

Mais recentemente, reencontramos a evocação do Limoeiro setecentista no romance *Memorial do Convento* de José Saramago.

Após a revolução de 25 de Abril de 1974, a cadeia plurissecular ainda se manteve em funcionamento durante breves meses. Em Julho desse ano, com a transferência para outro estabelecimento prisional dos últimos presos preventivos, encerrou-se, finalmente, um longo capítulo da vida do Limoeiro.

Em Setembro de 1979 foi criado o Centro de Estudos Judiciários, iniciando-se, em 4 de Janeiro de 1980, nas instalações do Largo do Limoeiro, o 1.º curso, dito de *qualificação*, dirigido a delegados do procurador da República. Abriu-se, então, um novo capítulo cuja história está por escrever.

NOTAS

[1] Retomo, nas suas linhas gerais, o texto da minha autoria que foi publicado na Revista do CEJ, 2.º semestre 2004, número 1.

[2] A. Vieira da Silva, *A cêrca moura de Lisboa*, 3.ª ed., Lisboa, Câmara Municipal, 1987, pp. 58 e segs. 167 e 168. A 1.ª edição da obra foi publicada em 1899 e a 2.ª em 1939.

[3] *O Limoeiro*, Revista Illustrada, n.º 38, 2.º Ano, Lisboa, 31 de Outubro de 1891, p. 233.

[4] A. Vieira da Silva, *ob. cit.*, p. 168, menciona essa hipótese. Oliveira Marques, *A sociedade medieval portuguesa – Aspectos de vida quotidiana*, 4.ª edição, Lisboa, Sá da Costa, p. 69, limita-se a dizer que o paço data talvez do período muçulmano.

[5] Eduardo Freire de Oliveira, *Elementos para a história do município de Lisboa*, 1.ª parte, Tomo I, Lisboa, Typographia Universal, 1885, p. 552 e 558, nota. Na relação dos canos de esgoto da cidade, nos fins do terceiro quartel do século XVI, é incluído um cano que passava por baixo do muro da cerca velha «*e vay sair ao molde nouo do chaffariz delRey, e day sair ao mar com outros cannos da seruemtia do caffariz e estes cannos tem seruemtia a cadea e alguãs casas pr onde vem*». A. Vieira da Silva, *ob. cit.*, p. 162, citando esse e outro documento do século XVII, admite ser natural que esses canos fossem contemporâneos da construção da cerca velha e destinados a servir edifícios importantes. São, no entanto, meras conjecturas.

[6] Rita Costa Gomes, *A corte dos reis de Portugal no final da Idade Média*, Lisboa, Difel, 1995, p. 262.

[7] Júlio de Castilho, *Lisboa Antiga: Bairros Orientais*, 2.ª ed., Lisboa, Câmara Municipal, 1937, volume IX, p. 27. Terá sido o referido arco ou passadiço a dar o nome à Rua do Arco de Limoeiro, actualmente Rua Augusto Rosa, em homenagem ao célebre actor português, falecido em 1918, que morou no 1.º andar do prédio n.º 58 da rua que hoje tem o seu nome. No entanto, subsistem dúvidas sobre a concreta localização do arco e a sua relação com o Limoeiro que exigem uma investigação mais detalhada.

[8] *Os Lusíadas*, Canto IV, estância 50.

[9] Júlio de Castilho, *ob. cit.*, p. 18 e 19.

[10] Fernão Lopes, *Crónica de D. Fernando*, Porto, Livraria Civilização-Editora, 1986, capítulo XXIX, p. 83.

[11] *Os Lusíadas*, Canto III, estância 118, referindo-se a Inês de Castro.

[12] I. de Vilhena Barbosa, *As cidades e villas da monarchia portugueza que teem*

brasão d'armas, volume II, ano de 1860, reimpressão *fac-similada*, Setembro de 2003, p. 22.

Na *Encyclopedia Portuguesa Illustrada – Diccionário Universal*, sob a direcção de Maximiano Lemos, volume VI, p. 514, o paço é apresentado com a denominação de palácio da *Moeda Nova*.

[13] Júlio de Castilho, *ob. cit.*, p. 21. O autor trata da mesma questão na segunda parte de *Lisboa Antiga: Bairros Orientais*, 2.ª ed. rev. e ampl., com anotações de A. Vieira da Silva, Lisboa, Câmara Municipal, 1937, vol. VII, p. 204 e segs.

[14] *Historia da Universidade de Coimbra nas suas relações com a Instrução Publica Portugueza*. Lisboa: Typographia da Academia Real das Sciencias, 1892, Tomo I, p. 120, nota 1.

[15] Joaquim Veríssimo Serrão, *História de Portugal*, editorial Verbo, 1978, Volume I, p. 346.

[16] Segundo o *Arquivo Histórico Português*, Volume XI, p. 168, nota, presume-se que os moedeiros ocuparam os Paços de a-par S. Martinho entre 1338 e 1354. A mesma nota indica que no tempo de D. Afonso V os moedeiros teriam voltado a ocupar, pela segunda vez, os mesmos paços, por um curto período.

[17] Marcelo Caetano, *A administração municipal de Lisboa durante a 1.ª dinastia*, Lisboa, Livros Horizonte, 1990, p. 71.

[18] *Memorias para a Historia da Universidade de Coimbra*, Coimbra, 1937, pp. 5 e segs.

[19] Mário Alberto Nunes Costa, *Reflexão acerca dos locais ducentistas atribuídos ao Estudo Geral*, Acta Universitatis Conimbrigensis, Coimbra, 1991, p. 51 e segs. Sobre a mesma questão pronunciou-se Pedro Dias em texto publicado na *História da Universidade em Portugal*, I Volume (1290-1536), Universidade de Coimbra-Fundação Calouste Gulbenkian, p. 33 e segs.

[20] A. Vieira da Silva, *ob. cit.*, p. 169.

[21] Ferreira de Andrade, *Palácios Reais de Lisboa*, 2ª ed., Vega, p. 115.

[22] *Leonor Teles "Flor de Altura"*, Lisboa, Livraria Bertrand, 7.ª edição, p. 18.

[23] Fernão Lopes, *Crónica de D. Fernando*, edição crítica por Giuliano Macchi, Imprensa Nacional-Casa da Moeda, 1975, p. 591.

[24] Contendo a indicação das cláusulas mais importantes do contrato de Salvaterra de Magos, veja-se a obra de Valentino Viegas, *Cronologia da revolução de 1383-1385*, Editorial Estampa, 1984, p. 11 e segs.

[25] Herculano, *Arras por foro de Espanha*.

[26] Ver Fernão Lopes, *Crónica de D. João I*, Livraria Civilização – Editora, Volume I, pp. 19 e 20.

[27] Seguindo de perto Fernão Lopes, podemos ler a narração dos acontecimentos contida na *História de Portugal*, edição monumental comemorativa do 8.º centenário da fundação da nacionalidade, com direcção literária de Damião Peres, Volume II, p. 365 e segs.

[28] Paulo Caratão Soromenho, *Roteiro fraseológico de Lisboa*. Separata de Olisipo, Ano XXXVI, Jan./ Dezembro, 1973, n.º 136, p. 14.

[29] Oliveira Martins, *Os filhos de D. João I*, Lisboa, Guimarães Editores, 1993, p. 13.

[30] Júlio de Castilho, *ob. cit.*, volume IX, p. 22. Ver, igualmente, *Arquivo Histórico Português*, Volume XI, p. 168, nota.

[31] *Monumenta Henricina*, volume III, 1121-1431, p. 293, a partir de publicação pela Câmara Municipal de Lisboa de *Documentos para a história da Cidade de Lisboa*, Livro I de Místicos de Reis, Lisboa, 1947.

[32] *Crónicas de Rui de Pina – Chronica de Senhor Rey D. Duarte*, introdução e revisão de M. Lopes de Almeida, Lello & Irmão Editores, 1977, p. 499, onde podemos ler: «*Pousou ElRey nos*

Paaços da Moeda, e como foi tempo de hir ás Vesperas da trelladaçam ...»

[33] Júlio de Castilho, *ob. cit.*, volume IX, p. 51.

[34] Duarte Nunes de Leão, *Crónicas dos Reis de Portugal – Crónica e vida del Rey D. Afonso o V*, Lello & Irmão Editores, 1975, p. 799.

[35] Sobre o que eram os *paços*, enquanto edifícios de prestígio, no fim da Idade Média, veja-se *Nova História de Portugal*, volume V, sob a direcção de Joel Serrão e A.H. de Oliveira Marques, Editorial Presença, p. 125 e seguintes.

[36] Alexandre Herculano, *O monge de Císter*, Amigos do Livro Editora, tomo II, pp. 64 e 65.

[37] Segundo Oliveira Marques, *ob. cit.*, p. 69, a planta de Braunio, dos fins do século XVI, mostra-nos o paço de S. Martinho com maior imponência e estilo arquitectónico do que o próprio paço da Alcáçova. Encontramos uma reprodução da referida planta de Georgio Braunio em A. Vieira da Silva, *ob. cit.*, no fim do volume, como estampa VII.

[38] Curiosamente, as mencionadas palavras surgem como equivalentes no *Dicionário de Sinónimos* da Dicionário Editora.

[39] Filho de um nobre francês, o padre Bluteau (1638-1734) veio para Portugal em 1668, tendo frequentado os meios intelectuais e da corte. O seu *Vocabulário Portuguez e Latino*, em dez volumes, foi dedicado ao rei D. João V

[40] Garcia de Resende, *Crónica de D. João II e miscelânea*, Imprensa Nacional-Casa da Moeda, 1973, reimpressão *fac-similada* da nova edição conforme a de 1798, p. 139.

[41] *Itinerários de El-Rei D. João II (1481-1495)*, prefácio, compilação e notas de Joaquim Veríssimo Serrão, Lisboa, Academia Portuguesa da História, 1993, p. 146. Na página 272 é mencionada outra carta régia de perdão de um preso do Limoeiro.

[42] Damião de Góis, transcrição de parte do capítulo 75 da 4.ª parte da Crónica de Dom Emanuel, segundo consta da *Descrição da cidade de Lisboa*, Livros Horizonte, 2001, p. 70.

[43] Utiliza-se a edição de *As obras de Gil Vicente*, Lisboa, Centro de Estudos de Teatro da Faculdade de Letras da Universidade de Lisboa e Imprensa Nacional-Casa da Moeda, Vol. I, 2002.

[44] *Arquivo Histórico Português*, Volume XI, p. 165.

[45] Eduardo Correia, *Estudos sobre a evolução das penas no direito português*, vol. I, separata do volume LIII do Boletim da Faculdade de Direito da Universidade de Coimbra. Com interesse poderá ser lida a obra *De couto de pecado à Vila de Castro Marim (1550-1850)*, de Geraldo Pieroni e Thimothy Coates, Livraria Sá da Costa Editora, 2002.

[46] Assim determinavam as Ordenações Filipinas que no Título CXLII do Livro V regulavam *per que maneira se trarão os degradados das Cadêas do Reino à Cadêa de Lisbôa*.

[47] *Leis extravagantes de repertório das ordenações*, com nota de apresentação de Mário Júlio de Almeida Costa, Lisboa, Fundação Calouste Gulbenkian, 1987.

[48] Júlio de Castilho, *ob. cit.*, volume IX, p. 55, citando Lavanha, *Viagem d'el-Rei D. Filippe*.

[49] D. Luís de Menezes, Conde da Ericeira, *História de Portugal restaurado*, vol. I (livro II), Biblioteca histórica – série régia, Porto, Livraria Civilização, p. 124.

[50] Sobre este autor veja-se, de Lúcia Helena Costigan, *A sátira e o intelectual criollo na colónia – Gregório de Matos e Juan del Valle y Caviedes*.

[51] Fr. Cláudio da Conceição, *Gabinete Histórico ...*, Imprensa Régia, 1827,

Tomo XI (relativo ao período de 6 de Maio a 31 de Julho de 1750).

[52] Fernando Portugal e Alfredo de Matos, *Lisboa em 1758: memórias paroquiais de Lisboa*, Publicações culturais da Câmara Municipal de Lisboa, 1974, p. 169 e seguintes.

[53] Maria José Moutinho Santos, *A sombra e a luz – as prisões do Liberalismo*, Lisboa, Edições Afrontamento, 1999, p. 265.

[54] *Collecção das leys, decretos, e alvarás, que comprehende o feliz reinado del Rey Fidelissimo D. Jozé o I nosso senhor ...*, Oficina de António Rodrigues Galhardo, MDCCXC, consultado na BN.

[55] Júlio de Castilho, *ob. cit.*, volume IX, p. 55.

[56] *Panorama de Lisboa no ano de 1796*, tradução de Castelo Branco Chaves, Biblioteca Nacional, Série Portugal e os Estrangeiros, 1989, p. 90.

[57] Adelto Gonçalves, *Bocage – O perfil perdido*, Caminho, 2003, contendo abundantes elementos biográficos sobre o poeta.

[58] *Correia Garção – Obras completas*, prefácio do prof. António José Saraiva, 2.ª edição, Lisboa, Editora Sá da Costa, volume I, p. 25.

[59] António José Saraiva indica a data de 24 de Março de 1773 (*ob. cit.*). O assento de óbito, por seu lado, atesta que a morte de Correia Garção ocorreu no dia 10 de Novembro de 1772.

[60] Cyrillo Volkmar Machado, *Collecção de memórias ...*, Coimbra, Imprensa da Universidade, 1922, p. 133 e 134 (a 1.ª edição da obra foi publicada em 1823).

[61] *Narrativa da perseguição de Hippolyto Joseph da Costa Pereira Furtado de Mendonça*. Londres: W. Lewis, 1811. Também com interesse a obra de Carlos Rizzini, *Hipólito da Costa e o Correio Braziliense*. São Paulo: Companhia Editora Nacional.

[62] *Rimas de Francisco Álvares da Nóbrega*, prefácio e notas de Alberto F. Gomes, separata de "Voz da Madeira", 1958.

[63] Luis Xavier da Costa, *Domingos António de Sequeira: notícia biográfica*, Lisboa, Amigos dos Museus, 1939. Existe um texto com interesse sobre a questão da prisão de Sequeira em *Arquivo Nacional*, Ano III, volume 6, n.º 133 (27 de Julho de 1934).

[64] *Obras completas de Francisco Joaquim Bingre*, Porto, Lello Editores, volume II, 2000.

[65] Oliveira Martins, *Portugal contemporâneo*, Volume I, Europa-América, p. 179.

[66] *Cancioneiro Popular Político – Trovas recolhidas da tradição oral portuguesa*, António Tomás Pires, Elvas - Typographia e Stereotypia Progresso, 1906.

[67] Oliveira Martins, *Portugal contemporâneo*, Volume I, Europa-América, p. 171. Sobre o caso tem interesse a leitura do texto de Fr. Cláudio da Conceição, *Memoria do que acontecéo na Cadea do Limoeiro de Lisboa com os nove Reos Estudantes de Coimbra (...)*, Lisboa: Impressão Régia, 1828.

[68] *Memórias do marquês de Fronteira e Alorna*, V-VI, Lisboa, Imprensa Nacional-Casa da Moeda, p. 5.

[69] Bulhão Pato, *Memórias*, Lisboa, Perspectivas & Realidades, tomo III, pp. 19 e segs.

[70] Sobre esta fuga e apresentando um estudo muito curioso dos presos do Limoeiro, Francisco Ferraz de Macedo escreveu *Os criminosos evadidos da Cadeia Central do Limoeiro a 29 de Abril de 1847*, Lisboa, Typ. da Papelaria Palhares, 1901. Este médico desenvolveu pesquisas antropológicas, frequentando as cadeias de Lisboa com o objectivo de colher junto dos presos mensurações antropométricas. O número de 1026 presos citado no texto é fornecido por este autor.

Sobre a fuga de 29 de Abril de 1847 tem interesse a parte sétima das *Memórias* citadas na nota 68.

[71] José Maria Dias Ferrão, *João Brandão*, Porto, Litografia Nacional, 1928.

[72] *No Limoeiro – episódio da vida artística*, editor P.A.C., Lisboa, Typ. Rua da Vinha, 1865.

[73] *Admiração! Carta à Nação Portuguesa refutando a carta dirigida a El-Rei o Sr. D. Luiz pelo Sr. Gomes Leal*. Lisboa, Typ. Perseverança, Rua do Arco do Limoeiro, 38, 1881.

[74] *Cantos Populares Portuguezes recolhidos da tradição oral*, Elvas-Typ. Progresso, (1902-1910), em quatro volumes que recolhem mais de 10 000 cantos. As quadras indicadas têm os números 2301, 2559, 5963, 9058 e 9321.

[75] Veja-se o *Diário Ilustrado* de 22 e 24 de Outubro de 1891, de alinhamento monárquico, e confronte-se com *O Século* de 22 e 23 de Outubro, de inspiração republicana e muito crítico da actuação das autoridades.

[76] Almeida Garrett, *O Chronista*, 18, 1827, p. 105.

[77] *Relatório resumido dos trabalhos da Commissão das Cadeias da Capital desde a sua instalação até ao fim do mez de Septembro de 1835*, Lisboa, Typographia de Luiz Maigre Restier Junior, 1835.

[78] *Arras (…)*

[79] João Cândido de Carvalho, *Eduardo ou os mistérios do Limoeiro*, Lisboa, Typ. da Revolução de Septembro, 1849, p. 100.

[80] *Revista Universal Lisbonense*, ano de 1847-1848, Tomo VII, Lisboa, Imprensa da Gazeta dos Tribunais, p. 247.

[81] *Galeria de criminosos célebres*, 1.º volume, Typographia da Papelaria Palhares, 1896, pp. 194 e segs.

[82] *Ob. cit.*, p. 154.

[83] Faustino da Fonseca, *Trez mezes no Limoeiro: notas de prisão*, 2.ª ed., Lisboa, Imp. Lucas, 1897.

[84] *A Reforma das Cadeias em Portugal*, Coimbra, Imprensa da Universidade, 1860, p. 88.

[85] Bulhão Pato, *Memórias*, Lisboa, Perspectivas & Realidades, tomo II, p. 58.

[86] 5.º Anno, volume V, n.º 136, de 1 de Outubro de 1882.

[87] *Testamento de Francisco Mattos Lobo na cadeia do Limoeiro: versos*, Lisboa, Typ. do "Novo Grátis", 1841.

[88] Júlio Dantas, *O último patíbulo*, Correio dos Açores de 10 de Janeiro de 1932. Consultar também Galeria *de criminosos célebres*, 2.º volume, Typographia da Papelaria Palhares, 1897, pp. 8 e segs.

[89] Visconde de Ouguella, *O último carrasco*, Lisboa, Livraria de António Maria Pereira, 1897;

Camilo Castelo Branco, *Noites de insomnia*, Porto, Liv. Chardron de Lelo & Irmão, 1929; Diário de Notícias de 20 de Agosto de 1873.

[90] Ano 12, vol. 12, n.º 284 (16 de Novembro de 1910).

[91] O relato é, no essencial, o que foi publicado na revista *Ilustração Portugueza*, 2.ª série, 1.º semestre, 373, 389 e 390.

[92] *Diário de Notícias* de 21 de Setembro de 1932.

[93] Leia-se o relato do *Diário da Manhã* de 17 de Maio de 1933.

[94] Edição crítica de Fernando Pessoa, Volume I, tomo V, Lisboa, Imprensa Nacional-Casa da Moeda, 2000.

VANDA ANASTÁCIO
CORREIA GARÇÃO NO LIMOEIRO

O ENCARCERAMENTO DO POETA Pedro António Joaquim Correia Garção no Limoeiro constitui, ainda hoje, um enigma sem solução. À distância de dois séculos, podemos apenas perceber que a ordem de prisão assinada pelo Marquês de Pombal em 1771 surgiu inesperada e repentinamente: os seus motivos permanecem na sombra. Como já afirmou António José Saraiva em 1957: «Um mistério realmente policial rodeia esta sensacional prisão.»[1].

Em 1771, Garção tinha 47 anos e vivera aparentemente, até então, uma existência pacífica. De facto, apesar de não ter nascido no seio da alta aristocracia, o escritor ocupava um lugar confortável na sociedade fortemente hierarquizada que era a do seu tempo. Era filho de Filipe Correia da Silva, um alto funcionário do Estado que, apesar das origens relativamente obscuras[2], conseguira aceder ao cargo de oficial maior da Secretaria de Estado dos Negócios Estrangeiros e da Guerra, tornar-se «fidalgo da Casa Real» e ser cavaleiro professo da Ordem de Cristo. O facto de o pai do poeta ter casado com a filha de um funcionário da Junta dos Três Estados, e a circunstância de um dos irmãos de Pedro António ter vindo a ingressar mais tarde, como oficial, na mesma Secretaria em

que servira seu pai, parecem indicar a pertença da família Correia Garção a um grupo: o do funcionalismo administrativo. O estatuto social alcançado pela família pode depreender-se, aliás, do assento de baptismo do autor: Pedro António foi apadrinhado pelo Mordomo Mor da Corte, um dado que parece dever ser lido como um sinal da manutenção de laços de serviço e de favor com protectores próximos do poder real:

Em treze de Junho de mil sete centos e vinte e quatro pus os santos oleos, â Pedro, o qual foi baptizado em Caza por necessidade pello Padre Bernardo dos Santos filho de Phellippe Correa da Sylva, e de sua molher Dona Luiza Maria da vizitação moradores na rua do Bem fermoso, desta freguezia, e Recebidos na de Santa Justa padrinho o Marquês Mordomo mor e madrinha Dona Maria Francisca Xavier por seu procurador D. Joseph Joaquim da Silveira de que fiz este assento
O Vig° Bar Serr° [ou Lem°] de Aguiar[3]

Assim sendo, numa época em que se herdam, por via familiar, cargos e redes clientelares, não é surpreendente que o autor tenha sido enviado para Coimbra na sua juventude, para estudar Direito.

Os seus biógrafos assinalam que, apesar de existirem registos das matrículas de Correia Garção

CEJ: cisterna.
Fotografia de José L. Diniz

na Universidade, entre os anos de 1742 e 1748, não se conhecem documentos comprovativos de que tenha terminado o curso. O facto não parece ser de importância especialmente relevante: com licenciatura ou sem ela, Pedro António encontrou o seu lugar no funcionalismo público, graças ao matrimónio, celebrado em 1751, com D. Maria Ana Xavier Fróis Mascarenhas de Sande e Salema, detentora, entre outros bens, do ofício de Escrivão do Consulado da Casa da Índia. É possível, como aventou António José Saraiva, que Correia Garção tenha «trespassado ou arrendado» esse ofício depois do casamento[4]. O certo é que no ano seguinte, em 1752, é-lhe concedido o hábito da Ordem de Cristo, para o que terão pesado, certamente, não apenas as suas relações sociais e as da esposa mas, também, as de seu pai, que era, como ficou dito, cavaleiro professo da mesma Ordem. Tanto quanto se pode depreender da sua poesia, o escritor terá tido tempo suficiente para se dedicar às Belas Letras e para gozar da tranquilidade da sua residência da Quinta da Fonte Santa, na zona dos Prazeres, então arredores de Lisboa.

O facto de o nome de Pedro António Correia Garção figurar, nos anos de 1754 e de 1755, entre os dos membros da *Academia dos Ocultos*, constitui, também, um elemento importante para a sua caracterização. Trata-se, no dizer de João Palma-Ferreira, da academia setecentista da qual «se conserva ainda hoje a mais opulenta colecção de inéditos»[5], reunidos em seis tomos do Arquivo Tarouca que se preservam na Biblioteca Nacional de Lisboa. Um olhar pela lista dos sócios desta instituição permite-nos desenhar um círculo de relações capaz de contribuir para uma melhor compreensão do lugar ocupado por Garção na sociedade sua contemporânea. Com efeito, o protector mais destacado dos *Ocultos* foi o Marquês de Penalva, Manuel Teles da Silva, da Casa dos Marqueses de Alegrete, em cuja livraria foi lavrada a acta de abertura da agremiação. Trata-se, como se sabe, de uma família com ligações à Secretaria dos Negócios Estrangeiros, pelo que é provável que houvesse um relacionamento de tipo clientelar entre estas Casas e o pai do poeta[6].

A partir de 28 de Abril de 1745 – data da 1ª conferência registada, frequentaram as reuniões da academia elementos da nobreza, como o Conde de Vilar Maior, o Visconde da Asseca, o Marquês de Valença, ou o Conde do Vimioso; alguns clérigos, como D. Francisco Saldanha que foi Cardeal Patriarca, o Padre Rafael Bluteau, ou o cónego Manuel de Figueiredo; e ainda letrados como Francisco de Pina e Melo ou o próprio Garção. Entre as participações nos trabalhos académicos de que se conservam registos figuram dois da autoria do poeta: A *Fala do Infante D. Pedro, Duque de Coimbra, aos Portugueses, querendo-lhe levantar uma estátua pelo seu bom governo, o que ele não consentiu*, que se encontra entre os papéis de Manuel de Figueiredo com data de 1754, e *O discurso sobre o estilo sublime*, recitado na conferência de 9 de Junho de 1755. As reuniões da *Academia dos Ocultos* terminaram bruscamente a seguir ao terramoto de 1755, cuja data pode, assim, ser considerada como a do termo da associação. Quando, menos de um ano depois do terramoto, os três bacharéis Teotónio Gomes de Carvalho, Manuel Nicolau Esteves Negrão e António Dinis da Cruz e Silva decidem criar uma nova academia a que chamaram *Arcádia Lusitana*[7], destinada a promover «a instrução e o verdadeiro gosto da Poesia»[8], integram entre os seus associados alguns membros dos *Ocultos*, entre os quais figuram Manuel de Figueiredo e o próprio Pedro António Correia Garção.

Que importância poderão ter os dados biográficos aqui arrolados para entender as circunstâncias que poderão ter levado à prisão do poeta? O problema que se nos depara é que, na falta de documentos concretos, qualquer explicação terá que partir, necessariamente, da interpretação dos

Marquês de Pombal, desenho de Joaquim Carneiro da Silva, Museu Nacional de Arte Antiga

J. Carvi da Silva

A mais direita mais acima

1   2   3   4 Palmos

Rei D. José I, retrato, pintura de Francisco
José Aparício, séc. XVIII, Museu Nacional
dos Coches

elementos conhecidos da sua biografia. Esse tem sido, aliás, o caminho percorrido por aqueles que ao longo dos anos se debruçaram sobre o problema e foram avançando hipóteses mais ou menos plausíveis para a sua resolução. De um modo geral, trata-se de soluções marcadas pelo anacronismo e pela dificuldade – comum a qualquer investigação histórica –, de ter em conta os parâmetros civilizacionais da época em que Garção viveu. Não só se desconhecem testemunhos contemporâneos sobre o caso, como o primeiro historiador que parece ter aludido ao facto, Francisco Manuel Trigoso de Aragão Morato, se limita a atribuir o fim da *Arcádia Lusitana* à traição de um dos seus membros e à queda em desgraça da sociedade junto de Pombal, nada indicando, especificamente, sobre Pedro António. Eis as suas palavras:

À sombra da paz em que descansavão, e quando elles menos temião o perigo que os ameaçava, então he que o violento monstro da discordia accendeo seu negro facho no centro da Arcadia. Hum Ministro poderoso e retrahido, cujas virtudes heroicas ella mil vezes cantara, que mostrava amparar até com a propria presença seus felices trabalhos, e que se mostrou sempre zeloso da gloria litteraria da nação, deo faceis ouvidos às vozes da calumnia, e incautamente pretendeo subjugar a Arcadia, tomando por instrumento desta sujeição hum dos seus menos distinctos Socios. As Musas querem-se bafejadas e acolhidas, mas não soffrem o jugo, nem a escravidão: vivendo n'um estado de honesta liberdade, e estranhos a todos os politicos accontecimentos do seu paiz e do seu seculo, que mal se podia recear dos Arcades Portuguezes? Em tão grande trance desmaiou a constancia dos Arcades, e deixarão de frequentar a Arcadia[9].

O estudo de Aragão Morato, que foi lido numa sessão da Academia das Ciências em 1818[10], tem constituído, desde então, a fonte principal dos estudos posteriores sobre aquela agremiação e os seus poetas. O modo como o surgimento da associação se encontra aí descrito merece também a nossa atenção, uma vez que, para além de conter

esta insinuação velada a possíveis fricções entre os árcades e o Ministro de D. José I, (implicando, indirectamente, que um dos motivos da prisão de Pedro António poderia ser o desagrado do Marquês), parece ter dado origem a interpretações sobre o relacionamento entre os seus membros e o poder real – ou os seus representantes –, que o contexto histórico nem sempre parece autorizar. Vejamos o que diz Aragão Morato quanto à fundação da *Arcádia*:

Dois homens dignos do respeito da posteridade, por seus conhecidos talentos, pelo amor da patria que os estimulava, e pelos distinctos serviços que depois fizerão ao Estado nos mais eminentes lugares da Magistratura que vierão a occupar, conceberão o primeiro projecto de huma tal Sociedade. Forão estes Antonio Diniz da Cruz e Silva, e o Sñr. Manuel Nicoláo Esteves Negrão, os quaes conferindo primeiramente entre si, e depois com o Dr. Theotonio Gomes de Carvalho sobre este importante objecto, convierão antes de tudo em formar huns Estatutos, pelos quaes o futuro Congresso se houvesse de regular. Antonio Diniz encarregou-se voluntariamente desse trabalho; e passado pouco tempo, communicou aos seus Collegas o plano dos Estatutos, que ainda hoje existe originalmente escrito pela sua penna; e que sendo então por elles acceito, servio de base e fundamento á nova Academia. Estes successos memoráveis da historia da nossa Litteratura occorrerão nos dias 15 e 20 de Agosto, e 23 de Setembro de 1756[11].

O facto de não figurar neste relato qualquer menção a protectores ou mecenas, juntamente com a afirmação anteriormente citada de que os árcades teriam sido «estranhos a todos os politicos accontecimentos do seu paiz e do seu seculo» parece ter sido lido, por aqueles que vieram depois, como um sinal de independência ideológica ou de isenção política. José Silvestre Ribeiro, na sua *História dos Estabelecimentos Scientíficos, Litterarios e Artisticos de Portugal*[12] publicada entre 1871 e 1893 escreve, por exemplo: «Na fundação da Arcadia não interveiu [sic] a acção dos poderes publicos» e, do mesmo modo, Rebelo da Silva dirá, na obra *Arcádia Portugueza*[13]: «A Arcadia sustentou-se por si mesma, e caíu enfraquecida pela morte dos socios mais notaveis; não nos consta que o ministro omnipotente se lembrasse de a proteger, nem tentasse dilatar-lhe os dias.»[14]. Mais modernamente, António José Saraiva insistirá neste ponto. Ao recordar as palavras dirigidas por Correia Garção aos seus confrades sobre os malefícios do patrocínio régio[15] o historiador conclui que «No pensar de Garção, e certamente no dos fundadores da sociedade, a Arcádia devia conservar ciosamente a sua independência, manter-se livre de tutelas e de compromissos, à margem da hierarquia estabelecida.»[16] Interessa recordar esta linha interpretativa, porque uma das hipóteses avançada pela posteridade para o mistério que constitui o encarceramento de Correia Garção no Limoeiro foi, precisamente, a de que este tivesse constituído uma forma de represália de Marquês de Pombal à atitude de independência manifestada pelo poeta[17].

Um artigo de jornal publicado em 1855 por um bisneto de Garção veio reforçar essa ideia[18]. Preocupado em demonstrar que o seu antepassado não havia cometido qualquer «crime d'estado»[19], o seu descendente afirma mencionar «os factos» relativos ao encarceramento do seu antepassado «tal como tradicionalmente» lhe haviam sido «transmittidos entre familia»[20]. Visando pintar uma imagem elogiosa de Pedro António, o autor desse texto procurará minimizar os pormenores menos admiráveis, incorrendo em erros, dos quais o mais flagrante talvez seja o de afirmar que a causa de Garção não ter terminado os estudos teria sido a morte de seu pai, quando se sabe que este falecera sete anos depois de o autor os ter interrompido. À atitude «branqueadora», chamemos-lhe assim, vem juntar-se a inverosimilhança de quadros como este, apresentado como a «primeira causa das perseguições, que cercaram, e surpreenderam o nosso poeta»[21]:

Chegando aos ouvidos do marquez de Pombal o merito reconhecido do nosso poeta, com sincera admiração abonado por pessoas que tinham cabida no gabinete do ministro, consta que este por mais d'uma vez lhes dissera – Se me pedir ser empregado n'esta secretaria, de boa vontade o nomearei. – Feita assim esta declaração espontanea, que de algum modo revelava os explicitos desejos do marquez, apressaram-se alguns amigos a communical-a ao nosso poeta, revestindo-a das côres mais lisonjeiras; mas este como dotado d'um espirito nobre, sem que fossem mais por diante, lhes respondeu com muito sangue frio: – Meus amigos, eu não nasci com genio proprio de servir ao lado d'altas personagens. – Por que? Lhes perguntou um d'estes. Por que jámais *(disse elle)* poderei presencear acto algum injusto sem que redondamente o reprove. – Como a intriga achasse aqui um fio opportuno para urdir a sua têa, afim de se fazer valer, ainda que por baixos meios, não faltou logo quem se anticipasse em levar esta resposta ao ministro, que mui diversamente a esperava, e que desde então creou occulta aversão ao poeta [...][22]

Este Garção incapaz «de servir ao lado d'altas personagens», tal como o Garção independente do poder estabelecido caracterizado pelos historiadores mais recentes, forneceria bases para entender a sua súbita prisão em 1771. Parece-nos, no entanto, que antes de enveredar por tão sedutora explicação, talvez valha a pena pensar sobre as reais possibilidades de isenção política ou de vida «à margem da hierarquia estabelecida», nas citadas palavras de António José Saraiva, que teria alguém que nascera e se movia no ambiente do funcionalismo de Estado numa Sociedade de Antigo Regime. Parece-nos que, bem pelo contrário, os documentos conservados atestam que Pedro António Correia Garção se encontrava completamente integrado num sistema intimamente ligado ao poder real e seus dependentes directos, e que procurou manter essa posição: foi detentor de mais de um cargo público[23], solicitou e conseguiu ser agraciado com o hábito de Cristo – então a insígnia mais cobiçada para referenciar nobreza, fidelidade e serviço à Coroa[24] –, e até mesmo o seu curto desempenho como redactor da *Gazeta de Lisboa* entre os anos 1760-1762 resultou, como recordou Inocêncio Francisco da Silva, de uma «convenção ou contracto feito com os officiaes das Secretarias d'Estado, que em 1760 tinham obtido de novo licença e privilegio para tal publicação.»[25]. Deste modo, não é surpreendente que entre as obras conservadas de Correia Garção figurem rasgados elogios ao Ministro de D. José I (Epístola «Se em teus ombros constantes, firme-mente» de 1757, Ode «Tu, difícil Virtude, dom celeste» de 1759, *Oração Oitava*, posterior a 1758), e manifestações de agrado pela presença deste em duas das sessões públicas realizadas pela *Arcádia*. Sublinhe-se que estes textos foram cuidadosa-mente eliminados da primeira edição impressa, preparada pelo irmão do escritor, logo em 1778, pouco tempo depois do afastamento de Pombal.

O texto jornalístico de Pedro Stokler Garção contribuiu ainda para alimentar a discussão sobre as causas da prisão do seu antepassado pelo facto de mencionar dois outros possíveis motivos de cólera do Ministro: o texto lido na *Academia dos Ocultos* – no qual o Infante D. Pedro diz não querer que lhe seja erguida uma estátua – que teria sido lido como uma crítica à realização da estátua equestre em honra de D. José I, e a partici-pação de Correia Garção numa intriga amorosa. Esta última teria ocorrido entre um amigo de Pedro António não nomeado e desconhecedor da língua inglesa, o qual teria pedido ao poeta que lhe traduzisse uma carta de amor destinada a uma donzela inglesa ignorante do português, filha de um coronel das suas relações de nome Maclean. O pai da menina teria apanhado a carta escrita pelo punho de Garção e tê-la-ia mostrado ao Ministro que, enfurecido, teria mandado prender o poeta e o amigo namorado.

Quanto à primeira hipótese, apesar do desfasa-mento temporal existente entre a escrita do texto, datável de 1754, e 1771, data da prisão, parece plau-sível admitir, como sublinhou António José Saraiva, que aquele possa ter sido usado como «um docu-mento de oposição ao governo pombalino»[26] a partir de um dado momento, situado no final dos anos 60 ou inícios da década seguinte. Tratar-se-ia de uma utilização posterior aos textos laudatórios dedicados pelo autor ao Marquês, numa época em que come-çava a surgir alguma oposição a Pombal em deter-minados sectores da aristocracia. Não há contudo, quaisquer provas de que isso possa ter acontecido.

Mas a explicação que mais tinta tem feito correr, e mais tem estimulado a imaginação da posteridade é aquela que se refere ao caso amoroso aludido pelo descendente de Pedro António. Comen-taram-no, quer identificando o autor como sendo o verdadeiro apaixonado, quer atribuindo uma identidade a esse amigo anónimo, quer procu-rando identificações mais seguras para os inter-venientes, todos os biógrafos que se seguiram a Stokler Garção, desde Inocêncio[27] a Teófilo Braga[28], a Camilo Castelo Branco[29], a Rebelo da Silva[30] e J. A. de Azevedo e Castro[31] ou António José Saraiva[32]. Mais conhecedores do contexto histórico, os três últimos assinalaram o anacro-nismo da aventura romanesca narrada por Stokler Garção, tanto pela reacção atribuída ao Ministro, como pela condenação imposta. Como sublinhou António José Saraiva:

Um drama de amor como o que se atribui a Garção é pouco verosímil no século XVIII. Imagina-se, numa época destas, o sabido Marquês, que no seu frio positivismo é bem uma encarnação do século, a ocupar-se com estas miudezas de alcova, que não lhe diziam directamente respeito?[33]

Por sua vez, os mandados de prisão e de liber-tação do poeta insistem em pormenores que difi-cilmente seriam necessários se se tratasse de um caso de amores ilícitos. Com efeito, segundo as

Ordenações Filipinas, em vigor desde 1603 até ao reinado de D. Maria, a pena a aplicar aos sedutores de condição equivalente à de Pedro António Correia Garção era o degredo para fora do território continental, acompanhado ou não de outras sanções sobre os seus bens[34]. Ora o mandado de prisão não menciona o degredo, nem aliás, qualquer crime. Mas insiste em que tanto Garção, como o seu criado sejam procurados «com todo o cuidado» e que, ao chegarem ao Limoeiro, estes sejam «conservados em separados segredos»:

P^a o Correg.^or do Crime do Bairro de Belem
El Rey e meu Señr he servido q V. Mr^ce logo que receber este Avizo procure com todo o cuidado prender a Pedro António Correa garção morador na sua quinta à fonte Santa, e a M^el. Joseph, q se chama seu criado grave, e os conduza ás cadêas do Limoeiro, onde devem ser conservados em separados segredos: e logo q V. m^ce executar esta Real Ordem me dará conta p^a ser presente ao mesmo Snr. D^s g^de a V m^ce Paço a 8 de Abril de 1771 // Marques de Pombal //.[35]

Ordem de prisão de Correia Garção,
Instituto dos Arquivos Nacionais/Torre
do Tombo

Algo de semelhante se passa com a ordem de libertação passada 19 meses depois por José Seabra da Silva, na qual se indica que o prisioneiro deverá proceder à assinatura de «um termo» por meio do qual se comprometeria a não voltar a Lisboa.

Para o Cardeal da Cunha
Emin^{mo}. E Illmo. Sñr
S. Mag^{de} he servido, que V. Em^a mande soltar a Pedro Antonio Correa Garção, a A Fran^{co.} António Lobo de Avilla, que se acham prezos na cadêa da Corte por ordem do mesmo Senhor: Assignando os sobreditos prezos hum termo perante o Corregedor do Crime do Bairro da Rua Nova, de sahirem da referida cadêa para fora desta corte, á qual não poderá voltar em quanto S. Mag^. não mandar o contrario.
Deos g^{de}.A V. Em^a. Paço em 10 de Novr^o de 1772//José de Seabra da Silva//~[36]

Ordem de libertação de Correia Garção, Instituto dos Arquivos Nacionais/Torre do Tombo

Por outro lado, o facto de a data deste último documento coincidir com a da certidão de óbito do poeta suscita dúvidas quanto à possível relação existente entre a morte deste e o registo da ordem: estaria já morto no momento em que esta foi redigida? A que corresponderia a exigência de afastamento da cidade? Neste contexto, a própria certidão de óbito ao indicar que faleceu «na cadea da Corte em hum Camarote» parece conduzir a novas interrogações:

Pedro Antº Correa Guarsão
Jaz sepultado nesta Igreja
   Aos des dias do mes de Novembro de mil sete centos e setenta e dous Faleceu na cadea da Corte em hum camarote Pedro Antº Corrª Garção profeso na hordem de Christo cazado com D. Mariana de Sande Salema Fº de Filipe Corrª da Silva natural de Lisboa de jde de quarenta e hum anno e prezo na cadª da corte em nove de Abril de mil sete centos setenta e hum e recebeu todos os sacramentos. De q fiz este asento q. Asignei era ut supra
   O cura Damaso da S.[37]

Certidão de óbito de Correia Garção,
Instituto dos Arquivos Nacionais/Torre
do Tombo

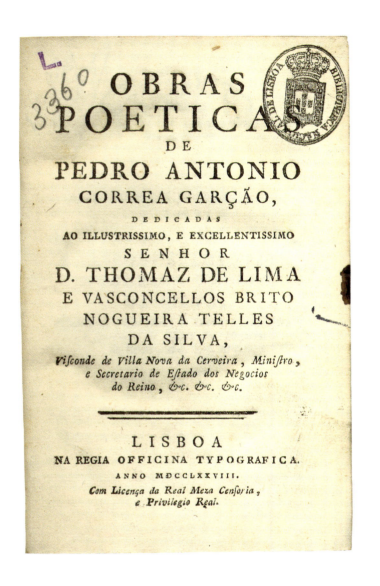

Frontispício da primeira edição das obras de Correia Garção

Se Correia Garção faleceu «num camarote», quando saíu do segredo? E se saíu do segredo, porquê? Se houve tempo para ministrar ao moribundo «todos os sacramentos», não teria havido tempo para avisar o Ministério de que a ordem seria supérflua? Ou terá essa ordem sido assim redigida expressamente para camuflar algo relacionado com as causas da sua morte? Que causas poderão ter sido essas?

O carácter omisso dos documentos, bem como o segredo que envolveu todo o processo parecem reforçar a hipótese de um encarceramento por motivos políticos. Apontam nesse sentido, também, os numerosos poemas dirigidos por Pedro António Correia Garção ao longo da vida a personalidades pertencentes a sectores da nobreza que se tornaram adversos ao Marquês de Pombal ou foram perseguidos por este último depois de 1759, como aconteceu, entre outros, com o Conde de São Lourenço, mencionado em pelo menos três poemas (Ode XV, Ode XXXVIII e Sátira II) e preso em 1760, ou com D. Leonor de Almeida, futura Marquesa de Alorna, descendente dos

Távoras executados em 1758. Trata-se, segundo cremos, da face visível de lealdades antigas do poeta, anteriores ao atentado de 1758. Recorde-se que, muito antes do terramoto e do atentado a D. José I, numa das sessões dos *Ocultos*, se haviam elogiado os Marqueses de Távora, então na Índia[38], e que as figuras da aristocracia com quem o poeta aí conviveu, oriundas das Casas Penalva, Alegrete, Valença e Asseca faziam parte de um núcleo da velha nobreza que nem sempre viu com bons olhos as medidas tomadas por Pombal.

Que os escritos de Garção circularam nos círculos anti-pombalinos e que tanto o autor como António Dinis da Cruz e Silva se contavam entre dos frequentadores dos Condes de Vimieiro, avessos ao Ministro, sabêmo-lo pela correspondência trocada entre D. Leonor de Almeida e a Condessa do Vimieiro, conservada nos Arquivos da Fundação das Casa de Fronteira e Alorna e da Torre do Tombo[39]. Mas mais intrigante e (e talvez mais significativa) do que estes aspectos é a primeira edição das obras do poeta, vinda a lume em 1778 na Régia Oficina Tipográfica. Uma rápida pesquisa pelos catálogos da Biblioteca Nacional de Lisboa (que terão as suas lacunas, evidentemente, mas que constituem, para a época, um acervo representativo) permite concluir que, nestes dois anos, se privilegiou a publicação de obras de edificação, de textos jurídicos e de composições de circunstância em louvor da família real e seus ministros, sendo muito raros os impressos que não se enquadrem numa destas categorias. Destoam deste panorama, um opúsculo de Domingos Maximiano Torres dedicado a D. João de Almeida Portugal e a sua filha D. Leonor de Almeida, com data de 1777[40], pertencentes a uma Casa reabilitada por D. Maria I, a edição de *Aventuras de Diófanes, imitando o sapientíssimo Fénelon na sua "Viagem de Telemaco"*, também de 1777,[41] de Teresa Margarida da Silva Orta – que havia sido encarcerada durante o Ministério de Sebastião José de Carvalho e Melo –, e o livro de poemas de Garção em 1778. O facto de se tratar de três figuras perseguidas pelo governo do período pombalino será apenas coincidência? Como interpretar o facto de as obras de Pedro António Correa Garção terem sido expurgadas das composições em que este exaltava o Ministro de D. José? Terá acontecido por simples adequação ao momento histórico? Traduziria um ressentimento familiar? Não terá sido o privilégio de exclusividade para impressão durante dez anos concedido à viúva do árcade como uma forma de reparação? Se não surgirem novos documentos sobre o caso, a prisão do poeta Pedro António Correia Garção continuará a ser um mistério por desvendar.

José de Seabra da Silva,gravura, *in* Marquez de Rezende, *Elogio Histórico de José Seabra da Silva*, Lisboa, Typografia da Academia Real das Sciencias, 1861

BIBLIOGRAFIA

ANASTÁCIO, Vanda, «D. Leonor de Almeida Portugal: as Cartas de Chelas», *Correspondências (Usos da Carta no século XVIII*, Lisboa, Edições Colibri-Fundação das Casas de Fronteira e Alorna, 2005.

– «Perigos do Livro (Apontamentos acerca do papel atribuído ao livro e à leitura na correspondência da Marquesa de Alorna durante o período de encerramento em Chelas» in *Românica*, Lisboa, Faculdade de Letras da Universidade de Lisboa, nº 13, 2004, pp. 125-141.

BRAGA, Teófilo, *A Arcádia Lusitana: Garção, Quita, Fiueiredo, Dinis*, Porto, Livr. Chardron, 1899.

– *Historia da Literatura Portugueza, Os Árcades*, Lisboa, INCM, 1984 [1ª edição: Porto, Chardron, 1918]

BRANCO, Camilo Castelo, *Curso de Literatura Portuguesa*, Lisboa, Labirinto, 1986 [1ª edição: 1875-76].

CARVALHO, Francisco Freire de, *Primeiro Ensaio sobre História Literária de Portugal, desde a sua mais remota origem até o presente tempo, seguido de differentes opusculos, que servem para sua maior illustração*, Lisboa, Tip. Rollandiana, 1845.

CASTELO-BRANCO, Fernando, «Significado Cultural das Academias de Lisboa no século XVIII», *Portugaliae Histo-rica*, vol I, Lisboa, Fac Letras da Universidade de Lisboa – Instituto Histórico Infante D. Henrique, 1973, pp. 175-201.

CASTRO, J. A. de Azevedo e, *Obras Poéticas e Oratorias de P.A. Correa Garção com uma introducção e notas por J. A. de Azevedo Castro*, Roma, Typographia dos Irmãos Centenari, 1888.

FERREIRA, João Palma, *Academias literárias dos séculos XVII e XVIII*, Lisboa, Biblioteca Nacional, 1982.

FERREIRA, Maria Natália de Frias de Almeida, *Certames poéticos Académicos realizados em Lisboa nos séculos XVII e XVIII*, Dissertação de Mestrado policopiada, Lisboa, Universidade Nova, Faculdade de Ciências Sociais e Humanas, 1992.

GARÇÃO, Pedro Stockler Salema, «Bosquejo biographico de Pedro Antonio Correa Garção, socio instituidor da Academia denominada – Arcadica Lusitana», *Imprensa e Lei*, nº 537, Lisboa, Domingo 3 de Junho de 1855, pp. 1-2 e *Idem*, nº 539, Quarta-Feira 6 de Junho de 1855, pp. 1-2.

GARRETT, Almeida, *Parnaso Lusitano ou poesias selectas dos auctores portuguezes antigos e modernos, illustradas com notas: precedido de uma história abreviada da lingua e poesia portugueza*, Paris, Aillaud, 1826-1827.

CEJ: terraço sobre Alfama, pormenor

GOUVEIA, António Camões, «Estratégias de interiorização da disciplina», *História de Portugal,* [direcção de José Mattoso], vol IV, Lisboa, Círculo de Leitores, 1993, pp. 415-447.

HESPANHA, António Manuel e Ângela Barreto XAVIER, «As redes clientelares» *História de Portugal,* [direcção de José Mattoso], vol IV, Lisboa, Círculo de Leitores, 1993, pp. 381-393.

HESPANHA, António Manuel, «A resistência aos poderes», *História de Portugal,* [direcção de José Mattoso], vol IV, Lisboa, Círculo de Leitores, 1993, pp.451-459

LAPA, Manuel Rodrigues, *Vida e Obra de Alvarenga Peixoto,* Rio de Janeiro, 1960.

MACEDO, Jorge Borges de, «Vias de expressão da cultura e da Sociedade Portuguesa nos séculos XVII e XVIII», *Boletim da Academia Internacional da Cultura Portuguesa,* Lisboa, nº 1, 1966, 119-133.

MAFFRE, Claude, «Un poète arcadien oublié: José António de Brito», *Arquivos do Centro Cultural Português,* vol. XXXII, Lisboa-Paris, Fundação C. Gulbenkian, 1993, pp. 99-125.

MORATO, Manuel Trigoso de Aragão, «Memoria Sobre o estabelecimento da Arcádia de Lisboa, e sobre a sua influencia na restauração da nossa Litteratura. Por Francisco Manoel Trigozo D'aragão Morato Lida na Assembléa publica de 24 de Junho de 1818.» *in Historia e Memorias da Academia Real das Sciencias de Lisboa,* Lisboa, Typ. Da Academia Real das Sciencias, 1818, cviii-cxx.

«O Eclipse da 'Gazeta de Lisboa' em parte do período pombalino, causou prejuízos até a quem a suprimiu», *Arquivo Nacional,* Lisboa, ano III, 104, 5 de Janeiro de 1934, pp. 826-827 e 844.

RIBEIRO, José Silvestre, *História dos Estabelecimentos Scientíficos, Litterarios e Artisticos de Portugal,* Lisboa, Typografia da Academia Real das Sciencias, 1871-1893

– «Arcadia de Lisboa» in *Primeiros traços de uma Resenha da Literatura Portuguesa,* Lisboa, Imprensa Nacional, 1855, pp. 141-144.

SARAIVA, António José, «Introdução» in Correia Garção, *Obras Completas (Texto fixado, Prefácio e Notas por António José Saraiva),* 2 vols., Lisboa, Livraria Sá da Costa Editora, 1957 [reimpresso em: Para a História da Cultura em Portugal, vol. II, Lisboa, Gradiva, 1995].

TOSCANO, Maria Margarida, *Racionalidade comunicativa, espaço público,* Dissertação de Mestrado policopiada, Lisboa, Universidade Nova, Faculdade de Ciências Sociais e Humanas, 1994.

SALDANHA, Nuno, «A Arcádia Romano-Lusitana e os círculos de poder na cultura setecentista (1721-1756)», *Propaganda e Poder. Congresso Peninsular de História de Arte,* Lisboa, Instituto de História de Arte, Cátedra de Estudos Galegos, Faculdade de Letras da Universidade de Lisboa, 2001, pp. 365-382.

SERNA, Jorge António Ruedas de la, *Arcádia: tradição e Mudança,* São Paulo, EDUSP, 1995.

SILVA, Luís Augusto Rebelo da, *Arcádia Portugueza,* 3 vols., Lisboa, Empreza da Historia de Portugal, 1909.

SILVA, Inocêncio Francisco da, «Pedro António Correia Garção», *Diccionario Bibliographico Portuguez,* Lisboa, Imprensa Nacional, 1858-1958, vol. VI, pp. 386-392.

SILVA, José Maria da Costa e, «Genios Portuguezes. Pedro Antonio Corrêa Garção. – Poeta», *O Ramalhete,* 2ª série, nº 142, 3º anno, 5ª feira, 22 de Outubro de 1840, pp. 333-334

SILVA, Nuno Espinosa Gomes da, *História do Direito Português. I. Fontes do Direito,* Lisboa, Gulbenkian, 1985.

NOTAS

[1] António José Saraiva «Introdução» Correia Garção, *Obras Completas (Texto fixado, Prefácio e Notas por António José Saraiva)*, Lisboa, Livraria Sá da Costa Editora, 1957, vol. I. Eis as suas palavras, na p. xxiv: «Um mistério verdadeiramente policial rodeia esta sensacional prisão. Sensacional porque embora houvesse nesta época numerosos presos políticos, os homens de letras, ciências e artes eram geralmente protegidos pelo Marquês a quem é impossível recusar a largueza de horizontes e a inteligência dos valores culturais.»

[2] Tanto quanto se sabe, o pai do poeta teria sido um membro do clero e o avô exercera o ofício de sapateiro. Veja-se António José Saraiva *Op. cit.*, p. vii.

[3] ANTT, Registos Paroquiais, Distrito de Lisboa, Freguesia do Socorro, Livro 8 B Fl. 67*v*.

[4] Eis as suas palavras, *Op. cit.*, p. ix: «Além do ofício público, que Garção logo trespassou ou arrendou, D. Maria Ana trouxe a seu marido diversos e consideráveis bens rústicos e urbanos [...]»

[5] João Palma-Ferreira, *Academias literárias dos séculos XVII e XVIII*, Lisboa Biblioteca Nacional, 1982, p. 45: «não sendo cronologicamente a primeira das numerosas Academias fundadas no século XVIII, é da dos *Ocultos* que se conserva ainda hoje a mais opulenta colecção de inéditos.»

[6] A este propósito gostaríamos de recordar aqui as palavras de António Manuel Hespanha e Ângela Barreto Xavier, «As redes clientelares», *História de Portugal*, [direcção de José Mattoso], vol IV, Lisboa, Círculo de Leitores, 1993, quando sublinham, na p. 392, que: «as redes clientelares não eram um fenómeno exclusivo da corte e dos ambientes políticos. Na verdade, estruturavam os vários níveis de interacção social e os comportamentos quotidianos das pessoas [...]»

[7] Segundo informação contida num manuscrito conservado na Biblioteca Nacional de Lisboa e referido por João Palma Ferreira, *Op. cit.*, p. 92, a primeira leitura dos estatutos da Academia teria sido feita por António Dinis da Cruz e Silva a 23 de Setembro de 1756.

[8] Cfr.: Capítulo IV dos *Estatutos* publicados por António José Saraiva, *Op. cit.*, p. 235.

[9] *Op. cit.*, p. 75-76.

[10] Referimo-nos ao trabalho intitulado: «*Memoria Sobre o estabelecimento da*

Arcádia de Lisboa, e sobre a sua influencia na restauração da nossa Litteratura. POR FRANCISCO MANOEL TRIGOZO D'ARAGÃO MORATO Lida na Assembléa publica de 24 de Junho de 1818.» in *Historia e Memorias da Academia Real das Sciencias de Lisboa*, Lisboa, Typ. Da Academia Real das Sciencias, 1818, CVIII-CXX.

[11] Francisco Manoel Trigoso d'Aragão Morato, *Op. cit.*, pp. 61-62.

[12] José Silvestre Ribeiro, *História dos Estabelecimentos Scientíficos, litterarios e artisticos de Portugal*, Lisboa, Typografia da Academia Real das Sciencias, 1871-1893, t. I, p. 266. O autor havia já escrito a mesma apreciação no capítulo «Arcadia de Lisboa» in *Primeiros traços de uma Resenha da Literatura Portuguesa* 1853, onde escreve, pp. 141: «Esta Academia, para o estabelecimento da qual não concorreu o Poder Real [...]».

[13] Luís Augusto Rebelo da Silva, *Arcadia Portugueza,* 3 vols., Lisboa, Empreza da Historia de Portugal, 1909.

[14] *Op. cit.*, vol I, p. 12.

[15] Saraiva refere-se aí concretamente à seguinte passagem da *Oração Segunda*, proferida em Maio de 1758: «Não vos pareça, ó Àrcades que um Soberano só protege as Academias mandando-lhe passar um alvará e uma provisão

régia. Talvez que esta protecção não seja a mais eficaz: enche de vaidade os membros da Academia, e honrados com o título adormecem e desprezam a glória que só adquirem com o trabalho [...]» do texto intitulado *Oração Segunda em que se intima e persuade aos árcades se interessem em cumprir as leis da Arcádia que eram empenharem-se com todo o esforço na restauração da Eloquência e antiga Poesia portuguesa, recitada na conferência da Arcádia Lusitana no dia 8 de Maio de 1758* in Correia Garção, *Obras Completas (Texto fixado, Prefácio e Notas por António José Saraiva)*, vol. II., Lisboa, Livraria Sá da Costa Editora, 1957.

[16] António José Saraiva, *Op. cit.*, p. XXVII.

[17] Parece ter sido esta, por exemplo, a opinião de Rebelo da Silva, que descreve Garção como o único árcade que não cedeu à lisonja *Op. cit.*, vol II, p. 87: «O Garção, rígido e austero, talvez por se não torcer expirasse nas trevas humidas de um carcere.»

[18] Pedro Stokler Salema Garção, «Bosquejo biographico de Pedro Antonio Correa garção, socio instituidor da Academia denominada – Arcadica Lusitana», *Imprensa e Lei*, nº 537 Lisboa, Domingo 3 de Junho de 1855, pp. 1-2 e *Idem,* nº 539, Quarta-

-Feira 6 de Junho de 1855, pp. 1-2.

[19] *Idem, Op. cit.*, nº 539, Quarta-Feira 6 de Junho de 1855, p. 2: «Do que deixamos exarado não só se depreende que, posto haver o nosso poeta fallecido Quarta-Feira 6 de Junho de 1855 entre ferros, todavia se deveria considerar solto, como tambem, que o pretendido crime d'estado não appareceu [...]»

[20] *Idem, Op. cit.*, nº 537, Domingo 3 de Junho de 1855, p. 2.

[21] *Idem, Op. cit.*, nº 537, Domingo 3 de Junho de 1855, p. 2.

[22] *Idem, Op. cit., loc. cit.*

[23] Para além do ofício herdado da mulher, entre 1758 e 1760 foi Tesoureiro General das Sisas (Cfr.: António José Saraiva, *Op.cit.*)

[24] Fernanda Olival, *As Ordens Militares e o Estado Moderno: Honra, Mercê e Venalidade em Portugal (1641-1789)*, Lisboa, Estar, 2001, p. 237: «A exibição dos hábitos exaltava este quadro de valores, traduzia fidelidade à Coroa e vivia de todo este caldo, em grande medida alimentado pela realeza.»

[25] A este respeito veja-se Inocêncio Francisco da Silva, *Diccionnario Bibliographico Portuguez*, t. VI, p. 389 e ainda o artigo «O Eclipse da "Gazeta de Lisboa" em parte do período pombalino, causou prejuízos até a quem a

suprimiu», *Arquivo Nacional*, ano III, nº 104, 5 Janeiro 1934, pp. 826-827.

[26] António José Saraiva, *Op. cit.*, vol. I, p. XXVI: «Em resumo: será, de facto, a *Fala de D. Pedro* um documento de oposição ao governo pombalino – oposição clandestina, evidentemente, que se manifestaria pela composição e divulgação de escritos?»

[27] *Op. cit.*

[28] Teófilo Braga, *A Arcádia Lusitana: Garção, Quita, Fiueiredo, Dinis,* Porto, Livr. Chardron, 1899; *Idem, Historia da Literatura Portugueza, Os Árcades,* Lisboa, INCM, 1984 [1ª edição: Porto, Chardron, 1918].

[29] Camilo Castelo Branco, *Curso de Literatura Portuguesa,* Lisboa, Labirinto, 1986 [1ª edição: 1875-76].

[30] *Op. cit.*

[31] J. A. Azevedo e Castro *Obras Poéticas e oratorias de P. A. Corrêa Garção com uma introducção e notas por J. A. de Azevedo Castro,* Roma, Typographia dos Irmãos Centenari, 1888.

[32] *Op. cit.*

[33] *Op. cit.*, vol. I, p. XXX.

[34] *Ordenações Filipinas,* Lisboa, Fundação Gulbenkian, Livro V, Títulos 14 a 16 .

[35] Instituto dos Arquivos Nacionais/ Torre do Tombo, Ministério do Reino, Livro 14, Fl. 93.

[36] Instituto dos Arquivos Nacionais/ Torre do Tombo, Ministério do Reino, Livro 15, fl.109.

[37] Instituto dos Arquivos Nacionais/ Torre do Tombo, Registos Paroquiais/ óbitos, freguesia de São Martinho, 1772, livro 4, folio 40v.

[38] Cfr.: João Palma-Ferreira, *Op. cit.*

[39] Cfr.: Vanda Anastácio, «D. Leonor de Almeida Portugal: as Cartas de Chelas», *Correspondências (Usos da Carta no século XVIII,* Lisboa, Edições Colibri-Fundação das Casas de Fronteira e Alorna, 2005 e *Idem,* «Perigos do Livro (Apontamentos acerca do papel atribuído ao livro e à leitura na correspondência da Marquesa de Alorna durante o período de encerramento em Chelas» *in Românica,* Lisboa, Faculdade de Letras da Universidade de Lisboa, nº 13, 2004, pp. 125-141.

[40] Domingos Maximiano Torres, *Soneto a Alcipe desculpando a Ode seguinte, Ode ao Ilustríssimo e Excelentíssimo Senhor Dom João d'Almeida Portugal,* marquez d'Alorna, 1777.

[41] Teresa Margarida da Silva Orta, *Aventuras de Diófanes, imitando o sapientíssimo Fénelon na sua 'Viagem de Telémaco',* Lisboa, Régia Officina Tipográfica, 1777.

«A NINFA...

SUSPIRANDO CONDUZ À PRAIA AMENA
ONDE LHE DÁ DULCÍSSIMOS INSTANTES
D'ALMAS PRAZERES INEFÁVEL SCENA,
SEMPRE TE GOZEM CORAÇÕES AMANTES.»[1]

CRISTINA A. M. DE MARINHO
A DESTRUIÇÃO DO POEMA
CÁRCERE DE BOCAGE

JOHN R. KELLY, NO SEU ESTUDO *Censorship and Bocage* de 1987, debruçava-se sobre alguns manuscritos inéditos da Biblioteca Nacional da Ajuda e da Torre do Tombo que permitiam conhecer os processos da censura literária, reveladores dos modos específicos de criação poética, para além do mero registo tradicional das consequências da Real Mesa Censória sobre a produção intelectual ao tempo[2]. Num dos documentos, que parece ser uma cópia de inícios do século XIX, Bocage dialoga com o Secretário do Conselho Geral do Santo Ofício no sentido mais radical das possibilidades autorais na negociação de emendas, de acordo com os reparos autoritariamente norteadores de Julião Cataldi: o poeta prefere destruir a Epístola que o censor propõe amputar na memória dolorosa das razões conducentes de Bocage à prisão, ditada por um cruel Tribunal.

Os agentes da Real Mesa Censória podiam permitir a publicação total ou parcial dos materiais apresentados, que também podiam ser inteiramente rejeitados ou reformulados segundo certas condições. Sugeria-se a alteração de palavras, frases ou linhas ofensivas para a fé, a monarquia ou a boa moral, evidenciando-se o perigo da ambiguidade na carga erótica, política ou filosófica de alguns termos em comentários enviados aos autores que deviam ulteriormente pronunciar-se. A estes cabia o direito de argumentar com ardil e inteligência. O censor podia sempre rejeitar as subtilezas oferecidas, levando ou à conformidade das suas exigências ou à destruição do poema.

Num longo exame, Cataldi recusa diversas expressões comprometedoras da natureza do julgamento que puniu Barbosa du Bocage, salientando os limites precisamente da liberdade de expressão que nunca se poderia permitir pôr em causa a legitimidade das condenações:
« *(...) Por ultimo a f.165 as expressoens* Em duro tribunal *são injuriosas áquella Authoridade, perante a qual o Poeta diz, que* fora accusado *e que sendo escutada e crida esta accusação, correra força cruel a agrilhoa-lo, sem que importasse ao rigor, que elle vivesse ou morresse. Qualquer que fosse este Tribunal, a liberdade Poética não pode chegar a tanto, que se declare assim contra o modo, com procede a Justiça nestes Estados.»*[3]

O poeta responderá, esvaziando a acusação de rigor, com diplomacia, mas tocante firmeza na sensibilidade dorida de um imenso sofrimento que Bocage prefere ser impedido de dizer do que dizê-lo privado do essencial, espaço por excelência

CEJ: cisterna, pormenor.
Fotografia de José L. Diniz

intocável das profundezas da criação, na memória dos tempos de cárcere:

« *(...) Quem por si ou por outrem conhecer na desgraça o coração humano, saberá que o crime, e muito mais o erro necesariamente se queixa do rigor, e o julga excessivo. Que menos pode dizer um infeliz, abismado em uma das masmorras publicas desta cidade, onde a insensibilidade dos guardas lhe desdenhava a existência como supérflua? (...)»*[4]

Pina Manique perseguira o Duque de Lafões, fundador da Academia das Ciências, depois de, durante a administração de Pombal, se ter expatriado para correr a Europa, onde, num palácio de Viena, conheceu Mozart e Metastasio, entre outros. O Intendente Geral da Polícia obsessivamente vigiara os movimentos do célebre naturalista Abade José Correia da Serra que preferira por duas vezes abandonar o país a ser objecto de constantes suspeições, numa época em que ser homem de ciência era sinónimo de professar ideias francesas[5]. As moscas infiltravam-se nos cafés de Lisboa, propagando uma espécie de *terror branco* que os emigrados realistas franceses levavam ao rubro, quando, junto ao cais, estrangeiros entoavam, ao som de uma rebeca, cantigas revolucionárias que aplaudiam a Convenção e davam por justa a morte de Luís XVI. Temia-se o efeito propagandístico destes versos, procurando Manique recrudescer a perseguição de papéis sediciosos e livros incendiários não só na capital, como no Porto onde manda a Luiz Pinto de Sousa que aí averiguasse a existência de uma loja maçónica e a identidade de uns libertinos, ditos *bota-fogos*, que atentavam aos mistérios da religião santa e à real pessoa de sua Majestade, aplaudindo o governo republicano da França. Bocage acompanhava os acontecimentos revolucionários na Europa, enquanto ele próprio estilhaçava a melíflua delicadeza das arcádias e cultivava a inveja dos zoilos, ao mesmo tempo que adoçava a intercessão benigna de mecenas e influências em momentos de desgraça. Por um lado, cantava a liberdade que tardava na esfera de Lísia, devorada pelo despotismo, a sua aurora, aspirava a uma nova condição de poeta independente no génio e no prazer. Por outro lado, chorava a morte trágica de Maria Antonieta na crueldade, que a evocação tocante da pequena princesa brincando gentilmente com as jóias da sua infância, tornava mais pungente. Exaltava igualmente as conquistas de Napoleão e elevava-o aos píncaros de *novo redemptor da natureza*, qual Messias regressado para rebentar os grilhões impostos pelos *aspérrimos tyrannos* que serão dominados pela espada do *Corso excelso*, restaurador da Razão[6]. Era fácil ao Intendente apanhar Barbosa du Bocage nas redes da denúncia por heterodoxia; sem casa, o poeta vivera com o Padre Macedo ou com Bersane Leite, convivia com André da Ponte de Quental e Câmara que, como ele, ardia no fogo juvenil das ideias liberais e da licença nos botequins, candura que os levará os dois ao cárcere e que o poeta cantará numa ode de imenso desgosto pela existência e orgulhosa fé na posteridade:

« *(...)*
Em tenebrosos cárceres jazemos;
Falaz acusação nos agrilhoa;
De opressões, de ameaços nos carrega
O rigor carrancudo;
(...)
Os vindouros mortais irão piedosos
Ler-nos na triste campa a história triste;
Darão flores, ó Ponte, às liras nossas,
Pranto a nossos desastres.»[7]

O ofício de Pina Manique registará o boato de que Manoel Maria era o «*auctor de alguns papeis ímpios, sediciosos e críticos, que n'estes últimos tempos se tem espalhado por esta corte e Reino; que he desordenado nos costumes*»[8], não praticando os rituais religiosos e alheando-se dos seus sacramentos, suspeitas que justificaram por si só que o poeta fosse preso a bordo da corveta *Aviso*, num derradeiro instante

Reparos feitos às «Rimas» por Julião Cataldi, secretário do Conselho Geral do Santo Ofício e *Respostas* de Bocage, Biblioteca da Ajuda

Respostas aos Reparos.

Camões na Ilha dos Amores inclue imagens mais vivas, mais novas, mais indecentes, e as bellezas o salvão da accusação.
O mesmo se lê em Tasso na Ilha de Ar-
mida: entre outros nota-se a Estancia
onde diz:
Mostra il bel petto le sue nevi ignude
Onde il fuoco d'Amor si nutre, e desta,
Parte appar de le mamme acerbe e crude,
Parte ascor ne ricopre invida vesta, &.
Alta moral de Tasso consta á posteridade,
a de Camões igualm.te Taes imagens brotarão
sempre d'hũa fantasia delicada, e enge-
nhosa, sem que talvez indicassem coração
corrupto. A nudez das graças e a do vicio
differem muito; li que sempre foi licito
ao Poeta Erotico exprimir neste genero
tudo, o que póde aformoseálo, com tanto
que o envolva em metáforas, ou allegori-
as, o que sem ellas fora aggravante á
modestia. Parece-me que o talento não
lustra pouco vencendo a difficuldade de
pintar com decencia, o que dos genios me-
diocres sahiria torpe. Talvez a invidia
do meu pincel, a pezar das perifrazes, e
metáforas, não espalhou neste genero
as côres devidas, e por isto, e ainda mais pela authoridade da correcção, o ris-
quei, assim como os tercetos, em que toda via não pertendi inserir a menor
impiedade.

A fol. 11 no soneto = Voa a Silia gentilmen-
pensamento = se lê em o 2.º quarteto
Igneo desejo audaz, que em mim sustente
Mancha o puro candor das mãos memorias.
Os olhos côr dos céos, a tez de rosas,
E o mais, onde a ventura he hum momento.
E eis que pezada voz, terrivel grito
Soa em minha alma, o coração m'opprime
E assistir me recorda a Lei e o Rito.
Devo abafar-te, amor, paixão sublime!
Ah! s'amar, como uamo, he hum delicto,
Silia formosa, a formosura o crime!
Além do fogo lascivo, e das imagens indecentes, que animão estes versos, o ultimo
terceto tem, ou pelo menos he susceptí-
vel de sentido impio, porque nelle o Poeta pertende justificar a mesma paixão
impura, a qual no quarteto antecedente
havia chamado = Igneo desejo audaz,
que .... mancha o puro candor = e a pertende desculpar, e justificar a despeito
do grito da Lei e do Rito: isto he, da
natureza e da Religião, que a crimina,
e condemna.

1

1

Mudado o epiteto = almos = no epiteto =
puros = julgo desvanecer aqui toda a i-
deia lasciva: destruir o mais, seria me
parece, apagar sem causa a imagem ri-
sonha, e honesta dos prazeres moraes.

A respeito desta allegoria, composta
sem o sinistro pensamento, que parece
offerecer, e só filha do estado jovial, em
que a minha alma a transcreveo, reco-
nheço a importancia das razões allega-
das: e em submissão a ellas, a omitti
totalmente.

Epistola a Joaquim Rodrigues Chaves
3ª a 8ª a pag 374 do tom. II.

Ainda que = duro = seja mais synoni-
mo de severo que de = cruel = e que por tanto aquelle epiteto não injurie o Tribunal,
qualquer que elle seja, corrigi a expressão com o adjectivo = grave = em quanto
porem ao verso. Sem que importa ao
rigor que eu viva, ou morra, aspiro a jus-

tifi
2

A fol. 54, V.ᵃ se lê no fim =
A Ninfa.....
Suspirando conduz á praia amena,
Onde lhe dá dulcissimos instantes
D'almos prazeres inefavel scena
Sempre te gozem corações amantes =

As ideas, e sentimentos, que estes versos
inspirão, são indecentes e deshonestos.

A fol. 144, V. remata o Poeta hũa alegoria, que intitula = A Agoa estagnada =
com o seguinte fecho

Quanto ao negregado tanque
Presumo (aqui para nós)
Que he a prisão desses loucos,
Que dizem = Recebo a vós.

Estas palavras = Recebo a vós = aludem
ao Matrimonio, e o Poeta chamando loucos
aos homens, que se casão, faz hũa in-
juria gravissima ao genero humano,
desacredita o Matrimonio, insinua, e in-
sere nos corações dos leitores as lascivas
desenvolturas dos amantes vadios, e des-
authorisa em fim impiamente os santos vinculos do Matrimonio, os quaes Jesu
Christo firmou, e consagrou com a graça, e
virtude d'hum Sacramento.

Por ultimo a f. 165, as expressoens =
hum duro Tribunal = são injuriosas á quella Authoridade, perante a qual
o Poeta diz, que fora accusado = e que
sendo escutada e crida esta accusação, correra fora cruel a agrilhoa-lo,
sem que importasse ao rigor, que elle
viva

2

tificallo assim. Quem por si ou por outrem conhecer na desgraça o coração humano, saberá que o crime, e muito mais o erro necessariamente se queixa do
vigor, e o julga excessivo. Que menos
póde dizer hum infeliz, abismado em
hũa das masmorras públicas desta
cidade, onde a insensibilidade dos guardas lhe desdenhára a existencia como
superflua? O desafôgo daquelle verso
só a estes alude, e compete a quem, não
sendo hum perverso, padece algũas
vezes, o que a elles se deve. Confesso, a-
lem disso, ouma perfeita ingenuidade,
que me não sinto capaz de substituir
á quelle verso outro, que exprima tão
bem hũa situação lastimosa, e desamparada; preferindo antes a suppres-
são de toda a Epistola á de humaquar-
te della, que me parece tão essencial.

    V. Mag.ᵉ porem, mandará o que
for servida

    Manoel Maria de Barbosa de Buage.

vivesse, ou morresse.

Qualquer que fosse este Tribunal, a liberdade Poetica não póde chegar a tanto, que
se declare assim contra o modo, com que procede a Justiça nestes Estados.

Julião Cataldi, Secretario do Conselho
Geral do S.ᵗᵒ Officio.

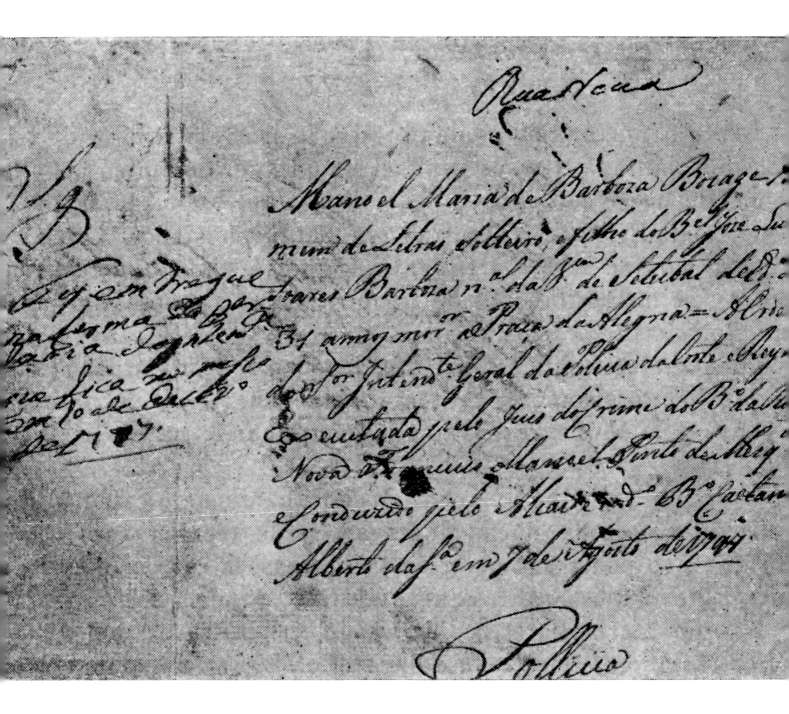

Registo da entrada de Bocage no Limoeiro

de tentativa de fuga. Com menos sorte do que Filinto Elísio, libertado pelo exílio amargo, Bocage era preso a 10 de Agosto de 1797, num clima de autêntica obsessão policial em manter um cordão sanitário à volta de Portugal, contra as efervescências internacionais em que Leonor da Fonseca Pimentel, filha de portugueses, oferecia heroicamente o seu sangue a favor da revolução de Nápoles. Multiplicaram-se as detenções a pretexto de impropérios contra Ministros ou vozes ímpias, quando o Abade Correia da Serra, refugiado, se fazia aplaudir no estrangeiro, e Barbosa du Bocage era aqui destruído pelos inimigos que provocara na polémica bem lusitana pela mesquinhez da Nova Arcádia, como desabafará em quintilhas dirigidas a D.Mariana Joaquina Pereira Coutinho, mulher do ministro José Seabra da Silva, versos de dor perante a «*vil calúnia*» de «*Ímpios Zoilos*» que lhe haviam forjado os grilhões da desventura[9]. Os falsos amigos do poeta renegavam-se para escaparem à mesma sorte desgraçada, enquanto poucos como António José Alvares, a quem viria a dedicar o segundo tomo da sua obra, em 1799, intercediam junto de poderosos para que Manoel Maria pudesse ser libertado, levando-lhes as suas queixosas composições, ávidas de justiça. No Limoeiro[10], Manuel Maria Barbosa du Bocage acendia os sonetos da recusa da calúnia, numa época em que se procedia a prisão sem culpa formada, inconformado com a superficialidade de uma vida que toma a aparência pela essência e esvazia o sentido da «*miseranda inocência*». Atea as rimas sobre uma violência terrestre que imita a celestial omnipotência, matando o gosto pela vida, descreve o pesadelo de um monstro que o destitui de glória e de liberdade para sempre, distingue finamente o desespero que delira no choro e no pranto do silencioso sofrimento, contido e devastador, afunda-se numa imaginação negra que a Razão já não controla pelos precipícios do seu

«*amotinado espírito*», derrama o que lhe resta de instinto de sobrevivência em versos de absurdo infernal que mal aguenta, ilumina preces amorosas a Nises que sonha solidárias com os seus gemidos, branqueando o «*resto escuro*» que escapou à «*trança infausta*» do seu fado. Reafirma incansavelmente uma virtude a que repugna o estatuto indigno de «*vil delator, vil assassino,/Ímpio, cruel, sacrílego, blasfemo*», nomes descabidos para o homem respeitador do trono e do altar que desfalece no horror do cativeiro, desejando o alívio da morte, soçobra ao peso das correntes em dias sombrios que a Humanidade não povoa, habitando o mundo sem o habitar, ávido da ternura de quem ama o infeliz não por culpa, mas sim por destino, «*neste horrível sepulcro da existência*». Ataca a maledicência vil que organiza o crime em erros dispersos e infundamentados, teatro da escuridão que, ainda assim, lhe permite vislumbrar Marília perdida nos doces braços de Aónio, quadro de tortura, denuncia a apropriação que o Padre José Manuel de Abreu e Lima faz do primeiro acto do drama «*A Restauração de Lisboa*», prometendo-lhe um regresso para ajuste de contas. O malogrado poeta inclina-se perante a generosidade de benefícios recebidos para que a sua opressão se lhe fosse menos pesada, graças a «*mãos providentes de piedoso amigo*», como Álvares ou o desamado dramaturgo Manuel de Figueiredo, Oficial Maior da Secretaria dos Negócios Estrangeiros e da Guerra, «*nobre peito*» a quem a musa deverá conceder «*amor, verdade, gratidão, respeito*». Venera um Desembargador Inácio José de Morais e Brito na eternidade dos versos garantida em que consagra a sua «*benigna clemência*» do juiz que é sobretudo homem, apesar de o desalento o ir conformando na fama das «*desgraças lamentáveis*», já que nunca a sua fronte se ornará dos «*loiros imortais*»[11]. Perdido ao que parece definitivamente o Auto do Juiz do Crime do Bairro do Andaluz, Manoel Maria procurou perpetuar

a memória das mais pormenorizadas circunstâncias do processo que o conduziu ao cárcere, como se fizesse questão de gravar na letra que já sabia eterna da sua poesia a crueldade minudente dos seus algozes, os mesmos que iriam fazer evaporar até ao futuro livre as provas de tamanho ultraje. E fê-lo em quadras de *fado popular*, porventura para ser cantado, conforme notará Teófilo[12], num longo poema que intitulou *Trabalhos da vida humana*, procurando certamente, ao divulgar o mais possível o seu estado, não permitindo

que caísse na morte do esquecimento público, despertar socialmente a ira perante o infortúnio do já ilustre poeta preso com acusação sumária; Bocage recorria, assim, aos métodos da Literatura Clandestina, cujos mecanismos bem dominava pela sua colaboração secreta na expressão da sua reputada heterodoxia. Com efeito, a epígrafe do maldito Voltaire, que acompanha eloquentemente os *Trabalhos da Vida Humana*, – «*Je suis force de m'abaisser/Pour me faire entendre*»[13] – parece indicar uma inspiração deliberadamente mais humilde da parte de uma musa erudita e aristocrática que norteia a faceta solar do poeta de formação neoclássica. Tratar-se-á porventura de, enquanto não se deixar cair no esquecimento, poder assegurar a sua sobrevivência na palavra dita, cuja vida palpitante e quotidiana dos cais e dos cafés que Bocage frequentara, na fama de já ilustre poeta, constituiria uma subtil pressão social sobre o poder. Manoel Maria fez por andar na boca do povo, isso é certo, quando do «*domicílio da morte*» nenhum prisioneiro, por muito injustiçado, sabia se algum dia sairia vivo, tão discricionário era o julgamento, ao tempo. Procurou divulgar com minúcia aquilo que seguramente viria a ser apagado em documentos formais altamente comprometedores, dada a inconsistência da matéria de acusação, para a suspeição já patológica do Intendente Geral da Polícia[14].

Assim, no relato poético destes sofrimentos, acepção bem sensível de *trabalhos*, refere precisamente o dia dez de Agosto como data do seu encarceramento e todo o poema se constrói sobre a narrativa de diário de prisão, só brevemente inscrita em reflexão filosófica[15]. Anunciando o choro, e já não canto, das «*inconstâncias da ventura*», o sujeito poético presentifica os instantes de entrada no Limoeiro, nas sugestões tácteis e auditivas do choque perante a arbitrariedade dos juízos encerrada no segredo que não permitirá sequer rectificação. Sucedem-se adjectivos que

Diogo Inácio de Pina Manique que, entre outros, desempenhou os cargos de intendente geral da polícia da corte e reino, desembargador do Paço e juiz do crime no Bairro do Castelo pintam de luto e horror a experiência do cárcere, registada numa temporalidade constantemente marcada no poema, porquanto esta se afigura a percepção mais obsessiva do prisioneiro atirado para a solidão: deambulam, em desespero, os seus pensamentos na restituição devida do verdadeiro valor das coisas perdidas, como o amor, na saudade dos ruídos citadinos e populares, no tormento da imaginação vigilante que o «*amigo universal*», Deus, mal interrompia cumplicemente em «*brando sono*». Revistado, é atirado para a prisão desumana que só a amizade dos carcereiros, Inácio e Garnier, como a de António José Álvares, atenuará. Vinte e dois dias depois, é finalmente interrogado pelo desembargador Inácio José de Morais e Brito, que evidencia, ainda que esterilmente, o absurdo do processo, qual peão numa Justiça que se disfarça em fachada de solenidade:

> « *(...)*
> *O ministro destinado*
> *Era o respeitável Brito,*
> *Que logo viu no meu rosto*
> *Mais um erro que um delito.*
>
> *Olhou-me com meigo aspecto,*
> *Com branda, amigável fronte,*
> *(...)*»[16]

Libertino, o sujeito poético assume, em desconcertante autenticidade que despe todo o artifício de dúplice[17] que o é para simplesmente não ser banido, o erro que não é crime, isto é, a natureza transgressora da sua opinião, feita delito, que agride o rito sem agredir a natureza; consistirá, então, num equívoco a acusação feita ao poeta, ser transparente em mundo de negras interdições sem sentido. Aos quarenta e três dias na «*dolorosa estância*», «*morada das aflições*», «*centro da tristeza*», «*degredo*», «*lugar ascoroso*», «*sepulcro dos viventes*» seguiram-se os dias de cárcere da Inquisição, graças à tolerância benigna de Brito e de Seabra que teriam desviado o crime de lesa majestade no sentido mais ténue de crime contra a religião, matiz que velaria o jacobinismo convicto em cepticismo enciclopedista. Os zoilos haviam entregue na Intendência Geral da Polícia, como provas de acusação, sonetos liberais, ataques a frades e a tartufos que não excluíam sua Santidade o Papa Pio VI, travões do progresso, e Diogo Inácio de Pina Manique acusava-o de ser

Manuel Maria de Barbosa du Bocage, retrato, têmpera sobre marfim (miniatura) de José de Almeida Furtado, dito o Gata, c. 1820-30, Museu Nacional de Arte Antiga

Retrato de Bocage, pintura
de Ana Rosmaninho, 2005

o delinquente autor da *«Pavorosa ilusão da Eterni-dade»*, obra prima da poesia filosófica portuguesa e europeia do século XVIII[18]. São múltiplas as preces de intercessão[19], a Joaquim Rodrigues Chaves para que D. Lourenço de Lima peça a seu pai, Ministro da Fazenda, a quem dirige outra Epístola, mais uma ao seu genro, o Marquês de Abrantes, Mordomo-Fidalgo da Misericórdia de Lisboa, defensor dos presos desvalidos, ainda ao primogénito sucessor do Marquês de Pombal, Presidente do Desembargo do Paço e da Mesa da Consciência e Ordens, incansavelmente ao Conde de São Lourenço, com especial fé à esposa de José de Seabra da Silva, Ministro e Secretário de Estado dos Negócios do Reino e a ele próprio. O ilustrado Inquisidor geral Dom José Maria de Mello quis acolher o bom ministro e, a sete de Novembro, Manoel Maria foi repreendido na Inquisição para ser doutrinado no Mosteiro de São Bento, onde deu entrada a 17 de Fevereiro de 1798, tendo estado, no Santo Ofício, três meses e dez dias. Para esse mesmo Mosteiro haviam sido enviados os elementos do Regimento de Gomes Freire, seis expatriados e um preso no decurso da sublevação de Minas Gerais, aí foi tal a brandura que Manique sugeriu, inconformado por não sujeitar Bocage a cárcere perpétuo ou a degredo para Angola, que fosse transferido para o Mosteiro das Necessidades, onde exerciam o seu odiado filosofismo os Padres António Pereira de Figueiredo e Teodoro de Almeida; o poeta será aí convidado a pôr os seus distintos talentos ao serviço de Nosso Senhor, para que caia em si e abandone vícios e escândalo em que vivia. Sentir-se-á bem acolhido. Aproveitará a magnífica biblioteca do mosteiro e a sua tranquilidade, contrastante com a vida que sempre levara, para se dedicar à tradução das *Metamorfoses* de Ovídio, como de excertos de obras cruciais ao tempo, *Pharsalia*, *Colombiada*, *Henriada*..., actividade em que parece ter atingido assinalável excelência, ao mesmo tempo que frequentava o Conde de São Lourenço, frade que aí se recolhera depois do suplício dos seus familiares Távora e que lhe intensificou o apreço pelo malogrado Correia Garção. Desalentado, Manoel Maria terá recusado um lugar de oficial da Biblioteca Pública, em Lisboa, em 1798, porquanto a sua alma de poeta mal se adequaria à rotina de manga de alpaca, e a vagabundagem preponderava no regresso ao *Agulheiro dos Sábios*, entre improvisos brilhantes, folhas subversivas, canções revolucionárias, versos de amor, marinheiros franceses, livros proibidos e sussurros inconfessáveis[20]. Havia de fixar residência uma única vez na vida, quando a sua irmã Maria Francisca, aia da Marquesa de Alorna fica desamparada com o seu exílio, e precisa da ajuda do poeta que a ajudará, firme, constante, inconformado com a dilacerante morte da sua pequena sobrinha, anjo que não tardará a conduzir Bocage também prematuramente no céu.

Julião Cataldi, censor do *«fogo lascivo»*[21] em que os sonetos de Manoel Maria se cinzelam, não lhe perdoará, pouco tempo depois, o adjectivo *grave*, nem a evocação, em Epístola, do *rigor a agrilhoá-lo*, indiferente à vida ou morte do poeta, nas palavras exactas de uma *força cruel*, ainda viva a memória do Limoeiro, morte que por pouco antecipava a próxima, doce libertação da vida. Branqueados os cabelos nos desenganos, Bocage sempre aceitará retocar as indecências gentis dos publicáveis versos nos prazeres morais de eufemismos desmaiados, enquanto encobre, íntegro e absoluto, nos segredos da noite, as fantásticas cartas que Olinda enviava a Alzira, as confidências de prazer e filosofia a Marília, quando as *inefáveis scenas* se querem livremente ditas na boca dos *corações amantes*. Mas pintar a morte na vida a pastel Manuel Maria Barbosa du Bocage nunca terá consentido e, por isso, destruiu o poema para a única eternidade do mais gritante silêncio.

Retrato de Bocage, desenho de Júlio Pomar, colecção do CEJ

Seja ministro o Amor e a Terra templo
(título correspondente a excerto da Epístola
a Marília), pintura de Ana Rosmaninho, 2005

NOTAS

[1] Versos de BOCAGE Manuel Maria Barbosa du, manuscrito inédito existente na Biblioteca da Ajuda com a cota 54-IV-34 (3-3ª), Reparos de Julião Cataldi, Secretário do Conselho Geral do Santo Ofício. Sempre que citamos manuscritos da época, optamos por os transcrever mantendo a ortografia e pontuação do tempo.

[2] KELLY John R., *Censorship and Bocage*, Lisboa, ICALP, 1987, SEPARATA DO Congresso sobre a situação actual da língua portuguesa no mundo, Lisboa, 1983, volume II, p.458: «(...) *The original poems, the suggested revisions, the final published forms, and the written exchanges prove enlightening and sometimes surprising reading. The whole censoring process not only reveals the spirit of the time, but also the conception and the implementation of the creative process. (...)*»

[3] Vide manuscrito da Biblioteca da Ajuda, 54-IV- 34 (1-1ª), parte final dos Reparos.

[4] Idem, Resposta, onde Manuel Maria Barbosa du Bocage assim conclui: «(...) *O desafogo d'aquelle verso só a estes alude, e compete a quem, não sendo um perverso, padecem algumas vezes, o que a elles se deve. Confesso, alem disto, c'uma perfeita ingenuidade, que me não sinto capaz de substituir aquelle verso outro, que exprima tão bem uma situação lastimosa e desamparada, referindo antes a supressão de toda a Epistola á de uma parte della, que me parece tão essencial. V.Magestade porém, mandará o que for servida.*»

[5] BRAGA Teófilo, *Bocage sua Vida e Época Litteraria*, Porto, Imprensa Portuguesa-Editora, 1876, pp.150-151. Nas páginas seguintes, transcreve-se ofícios em que se denuncia o interesse de Correia da Serra por Voltaire, Bricot, Abade Reynald...

[6] BOCAGE Manuel Maria Barbosa du Bocage, *Opera Omnia*, Lisboa, Livraria Bertrand, 1969, tomo I, vide *«Por ocasião dos favoráveis sucessos obtidos na Itália pelas tropas francezas sob o commando de Bonaparte em 1797»*, *«Aspirações do Liberalismo, excitadas pela Revolução franceza, e consolidação da Republica em 1797»*, pp.148-149. Afigura-se curioso o soneto *«Sanhudo, inexorável Despotismo»*, inserto ainda na p.148 do mesmo volume, em que o sujeito poético identifica o Despotismo com o Ateísmo e este com o Fanatismo, em inteligente reflexão, afirmando, na chave de ouro, a impossibilidade de a independência do *«livre coração»* não poder ser tiranizada. Nas páginas

98-105, diversos sonetos manifestam o desprezo de Bocage pela mediocridade das Arcádias, expresso numa desconcertante violência da linguagem, como a que está bem patente no célebre soneto «*Preside o neto da rainha Ginga,»*, ataque insuperável de sarcasmo à atmosfera de adulação que deitava a perder o sentido da qualidade literária.No tomo III da citada edição se inclui a Elegia «À Trágica Morte da Rainha de França Maria Antonieta» que lamenta os horrores de morte e destruição pós-revolucionária:

«(…) *Mas ai!, não há piedade, que reporte*
A raiva dos terríveis assassinos:
Soou da tirania o duro corte.

Já cerrados estais, olhos divinos; (…)»

[7] *Idem, ibidem*, tomo II, pp. 44-47, «*IX A André da Ponte de Quental e Câmara*». O sujeito poético sublinha aqui o contraste entre as «*manchas / Da superfície escura*» e a «*Intima candidez*», acusando, como sempre, os «*perversos delatores / Os filhos do terror, fantasmas negros*», no fundo a inveja que se esconde em identidades imprecisas que, no entanto, tudo podem.

[8] BRAGA Teófilo, *op. cit.*, pp.167-168, onde, em nota, nesta última página, o investigador remete para o «*Registo*

geral da Correspondência do Intendente, liv. XI, fL.37» que publica em primeira mão, depois da referência de Rebello da Silva que admite ter acedido ao documento através de Inocêncio.

[9] Idem, *ibidem*. Num outro lugar desta composição, Bocage insiste nos efeitos criminosos da inveja: «(…)
Meu crime é ser desgraçado,//Ou talvez não ser indigno//De attraír da Fama o brado://Um bando inerte e maligno//De inveja me fere armado. (…)»

[10] Idem, *ibidem*, tomo I, VI, *No Cárcere*, pp.150-163, diversos sonetos, incluindo os de agradecimento pelas intercessões junto do poder.

[11] Idem, *ibidem*, tomo I, nas páginas anteriormente citadas, onde na página 163, destacamos o belo soneto «*Liberdade querida e suspirada*» em que precisamente o cativeiro concreto se sobrepõe à imagem de um cativeiro nacional, senso que o Limoeiro se instituiria em sinédoque de Portugal, imenso cárcere de toda a inteligência. Esta imagem aqui sugerida norteará o nosso desenvolvimento: a sua ambiguidade, entre o pessoal e o universal, o judicial e o político, redimensionam o notável poema de aspiração ao sentido pleno da vida.

[12] BRAGA Teófilo, *op. cit.*,pp.175-176: « (…)*Bocage sob titulo de* Trabalhos da vida humana, *em forma de fado popular, por ventura para ser cantado, como se pôde supor pela epígrafe e assim tornar pública a arbitrariedade de que era vítima, compôs uma série de quadras em que relata todas as circunstâncias da sua prisão.* (…)»

[13] BOCAGE Manuel Maria Barbosa du, O*pera Omnia*, ed. cit., tomo IV, pp.244-249, inserto em «2. Composições várias de publicação póstuma».

[14] Idem, *Obra Completa, Poesias Eróticas, Burlescas e Satíricas*, Porto, caixotim, 2004, volume VII, edição de Daniel Pires, «Introdução», no respeitante sobretudo ao ponto 3. «A *Epístola a Marília*: um manifesto do Iluminismo», pp. XXII-XXIII. Nesta excepcional edição, Daniel Pires nota que «Bocage teve a preocupação de se manifestar contra a corrente libertina que pressupunha uma entrega sexual imoderada, no campo do mero instinto. A este propósito, é paradigmático o facto de não se conhecerem quaisquer menções de Bocage a Sade, o mesmo acontecendo, aliás, com os seus contemporâneos portugueses; em contrapartida, existem, quer em epígrafes,

quer nas suas traduções, referências a quase todos os outros escritores de língua francesa que se distinguiram no século XVIII. (...)». Cremos que a questão ultrapassa em complexidade esta formulação: primeiro, a libertinagem, na sua dimensão filosófica que recente investigação sublinha, não é nunca redutível à mera devassidão e não pode ser confundida com ela; segundo, a presença de autores setecentistas fundamentais deve ser avaliada mais pela ausência, no fundo presença essencial e inconfessada, do que pela clara *menção*, obrigando a uma argúcia difícil de investigação; finalmente, os autores distintos, traduzidos e mencionados, são os autores permitidos e tantas vezes ainda assim manipulados, dependendo ainda da área solar ou nocturna, canónica ou mais clandestina da actividade poética de Bocage. Sade, esse nunca poderia ser dito... mesmo que obsessivamente transparecesse.

[15] Idem, *Opera Omnia*, ed. cit., tomo IV, «Trabalhos da Vida Humana», pp.244-249. Em escorreita introdução, o sujeito poético anuncia: *«Se em verso cantava dantes//O poder da formosura,//Hoje vou chorar em verso//Inconstâncias da* ventura.//Vou pintar os dissabores//Que sofre o meu coração,//Desde que lei rigorosa//Me pôs em dura prisão.»*

Na penúltima quadra, conclui, em breve lanço: *«Tal tem sido a minha sorte//Nesta dolorosa estância,//Aonde a filosofia//Às vezes despe a constância.»*

[16] Idem, *ibidem*, p.247. Ao interrogatório do poeta junta-se o amigo André da Ponte de Quental e Câmara, conforme patenteia a quadra seguinte, para, no privilegiado plano da amizade, se sublinhar o aligeiramento da opinião, conveniente ao processo:

«Portei-me como quem tinha//Para a verdade tendência;//Do peso da opinião//Aligeirei a inocência.»

[17] Considerando que esta composição circulou em Lisboa ao tempo da prisão do poeta, sendo publicada só postumamente, ela terá tido o mesmo estatuto da literatura perigosa de que Bocage era acusado e em que desenvolve matéria perigosa, posto a nu. Daí a desconstrução confessada da própria duplicidade, em território nocturno, clandestino, oral, em despojamento entre iguais. Depois da obra crítica fundadora de René Pintard, *Le Libertinage Érudit dans la Première Moitié du XVIIe Siècle*, Nouvelle édition augmentée d'un avant-propos et de notes et réflexions sur les problèmes de l'histoire du libertinage, Genève, Slatkine, 2000, para melhor integrar o princípio da duplicidade libertina, segundo o qual *foris ut mores, intra ut licet*, vide, por exemplo, Claude Reichler, *L'age Libertin*, Paris, Minuit, 1987. Neste sentido, vide Teófilo Braga, in *op. cit.*, pp.180-181, a propósito da amizade de Bocage com André da Ponte, *«herdeiro de uma illustre casa na ilha de Sam Miguel»*, que, em 1821, *«veiu como deputado às Cortes Constituintes, vendo momentaneamente vingarem as ideias porque soffrera, diz que a sua divisa era "Faire sans dire". (...)»*

[18] BOCAGE, *Obra Completa, Poesias Eróticas, Burlescas e Satíricas*, ed. cit., «Epístola a Marília», pp.3-9.

[19] Idem, *Opera Omnia*, ed. cit., tomo II, todas estas Epístolas se constroem sobre um denominador comum: o elogio do destinatário a quem o poeta, injustiçado e miserável, pede auxílio.

[20] SILVA Innocencio Francisco da, *Diccionario Bibliographico Portuguez*, Lisboa, Na Imprensa Nacional, MDCCCLXIII, tomo sexto, pp.45-53.

[21] BOCAGE, *Obra Completa*, ed. de Daniel Pires, ed. cit., Sonetos, volume I, p.13, soneto 9.

OFÉLIA PAIVA MONTEIRO
SOB A AMEAÇA MIGUELISTA
A PRISÃO DE GARRETT NO LIMOEIRO

DATADA DE 1828 E COM O TÍTULO de «Tronco despido», encontra-se na colectânea poética *Flores sem Fruto*, dada a lume por Garrett em 1845, a comovente composição seguinte (Livro I, XX):

Qual tronco despido
De folhas e de flores,
Dos ventos batido
No Inverno gelado,
De ardentes queimores
No Estio abrasado,
De nada sentido,
Que nada ele sente…
Assim ao prazer,
À dor indif'rente,
Vão-me horas da vida
Comprida
Correndo,
Vivendo,
Se é vida
Tão triste viver.[1]

Acabava Garrett de completar vinte e nove anos (nascera em 4 de Fevereiro de 1799); e só duras razões podiam ter levado quem era pouco dado à inércia tristonha a cair no desalento profundo que o poema diz com tanta eficácia comunicativa, aliando a musicalidade dolente a símbolos de desolação impressivos. Que razões fossem essas – diga-se desde já que saíra havia pouco da prisão do Limoeiro – é o que procuraremos dilucidar aqui, evocando o perfil do Escritor e a problemática hora portuguesa de então, empenhadamente vivida por ele.

Por espaço de três meses permanecera Garrett no Limoeiro, desde que, na madrugada de 17 de Setembro de 1827, a polícia, com alarido, lhe invadira a casa para prendê-lo. Outro tanto sucedera com cinco amigos seus, companheiros desde Coimbra – Joaquim Larcher, António Maria Couceiro, Carlos Morato Roma, Paulo Midosi, Luís Francisco Midosi; aos seis era imputado o crime de disseminarem opiniões intoleráveis – defesa da república, incitações à rebelião armada – no importante jornal diário de que eram promotores e redactores, *O Português*, lançado com notório sucesso em 30 de Outubro do ano anterior. Após múltiplas exposições, deles e de familiares, sobre a sem-razão das acusações que lhes eram movidas, todos, sem julgamento, tinham saído em liberdade quando esse perturbado 1827 se aproximava do termo. O periódico não voltou, porém, a aparecer;

CEJ: acesso exterior à sala de convívio.
Fotografia de José L. Diniz

Almeida Garrett, retrato, desenho
de Columbano Bordalo Pinheiro, 1921,
Museu Grão Vasco

e, perante as circunstâncias que se desenrolavam no País, a prudência não tardou a aconselhar os seus ex-redactores, liberais convictos, a partirem para o estrangeiro, como tantos faziam: é que se preparava o regresso de Viena (onde estava exilado desde a «Abrilada») do caudilho do absolutismo português, o Infante D. Miguel, que efectivamente desembarcou em Lisboa a 22 de Fevereiro de 1828 para, como muitos temiam e muitos mais ainda desejavam, ser proclamado rei absoluto pela assembleia dos três estados, reunida ao modo antigo, de 23 a 25 de Junho desse ano. Por detrás do desalento confessado por Garrett em «Tronco despido» estão com certeza a desilusão com o estado da Nação, a revolta com a iminência da chegada do Infante, a lembrança das perseguições por que passara e ainda dores familiares (a doença de uma filha recém--nascida). Em princípios de Junho de 1828, falecida a criança, também ele rumava a Inglaterra.

Recapitulemos alguns factos para esclarecer que razões justificam ter Almeida Garrett já adquirido, nestes anos de 1827-28, como homem de letras e como cidadão, uma notoriedade que o torna alvo da reprovação e do temor dos clãs reaccionários.

Após uma infância feliz passada entre o Porto e Gaia e uma adolescência estudiosa decorrida na ilha Terceira sob a vigorosa e ilustrada tutela de um grande Mestre − o velho tio paterno D. Frei Alexandre da Sagrada Família, bispo de Angra[2] −, João Baptista da Silva Leitão de Almeida Garrett tem a sua primeira aura pública, na dupla faceta de cidadão-poeta que sempre o marcou, nos anos entusiastas e turbulentos de Coimbra, onde cursa Leis entre 1816 e 1821, frequentando pouco as sebentas, mas devorando ideólogos, entre muito empenhamento político e muita boémia. A esclarecida educação cristã que recebera no sadio ambiente velho-português da

sua família burguesa preparara-o de certa forma para olhar com lucidez severa a estagnação obscurantista descoberta no País (e na Universidade) ao chegar das Ilhas. Por isso logo o conquistam os programas nacionalistas e liberais que reclamavam, à revelia das autoridades estabelecidas, a regeneração de Portugal pela erradicação da tutela inglesa (a família real continuava no Brasil, «reinando» por cá Beresford) e pelo combate às injustiças sociais e à ancilose cultural favorecidas por muitos dos que beneficiavam do marasmo ou se temiam de perturbações sediciosas, lembrados dos excessos revolucionários por que passara a França. Alegre, fogoso, sentimental, imaginativo, Garrett torna-se em Coimbra, agitada por opiniões e arruaças, um caudilho ardoroso dos estudantes liberais, participante eloquente em manifestações académicas, animador (como autor e actor) de espectáculos teatrais imbuídos de propaganda, activo membro de associações secretas como a Maçonaria e, muito provavelmente, também o Sinédrio, que no Porto, onde passava férias, preparava a revolução. Quando ocorre, na cidade nortenha, em 24 de Agosto de 1820, o pronunciamento militar que, estendendo--se depois ao País, estabelece a Junta Provisional do Governo Supremo do Reino encarregada de iniciar reformas urgentes e de preparar a convocação de Cortes Constituintes, adere-lhe naturalmente com entusiasmo. Completado o curso de Leis e já obtido um emprego público (oficial da Secretaria do Reino), saúda em Setembro de 1822 a proclamação da liberdade brasileira e festeja nos meses seguintes a nossa primeira Constituição (cujas bases o Rei D. João VI tinha jurado, em Fevereiro de 1821, no Rio de Janeiro, antes de regressar a Portugal em Julho desse ano).

Desenvolvera o jovem Garrett entretanto uma actividade literária intensa, cultivando formas e registos estilísticos diversos, do elevado ao chocarreiro, dentro de uma gama neoclássica epigonal[3]:

ensaísmo político (*O Dia Vinte e Quatro de Agosto*), tragédias acusadoras da tirania (*Mérope, Catão*), odes de alcance cívico («A Liberdade», «À Pátria», «Ao Corpo Académico», «A Liberdade da Imprensa») ou evocadoras de sentimentos ternos («A infância», «O amor maternal», «A Délia»)[4], pequenos poemas narrativos onde ideologia e graça rococó se mesclam em alegorias de um erotismo culto (*O Retrato de Vénus, O Roubo das Sabinas*[5]), composições cómicas (poemas, farsas) inspiradas pela brejeirice académica ou pela troça de atitudes condenadas (*O Corcunda por Amor, Os Namorados Extravagantes*[6], *O X, ou a Incógnita*[7]). Poucas obras desse vasto conjunto textual têm então divulgação pela imprensa; mas essas dão ao autor no domínio público o vulto – apreciado ou temido – de um liberal de "esquerda", pertinaz e galhardo, com capacidades intelectuais notáveis. O pequeno poema *O Retrato de Vénus*, saído em 1821 dos prelos da Universidade (dirigida desde o triunfo vintista pelo liberal moderado Frei Francisco de S. Luís – o futuro Cardeal Saraiva), desencadeia nos jornais uma forte polémica, movida por absolutistas, de que resulta a incriminação do «Alceu da Revolução de Vinte»[8] por atentado contra os limites estabelecidos para a liberdade de imprensa: acusado de ateísmo e obscenidade pelos seus detractores, entre os quais sobressaía o famoso Padre José Agostinho de Macedo, é levado a tribunal, saindo, porém, ilibado depois de uma brilhante auto-defesa que suscita fervorosos aplausos (entre eles, os do Abade Correia da Serra)[9]. Outro triunfo público do jovem Garrett é ocasionado pela representação em Lisboa, em 1822, da sua tragédia *Catão*, logo editada, apologia da hombridade republicana do Uticense e vibrante condenação da tirania de César: representando ele mesmo a personagem principal, sai do teatro do Bairro Alto inebriado pelo êxito obtido e pelos olhos azuis de uma bela adolescente então conhecida, Luísa Midosi, que desposa escassos meses depois num casamento *coup de foudre*. Se acrescentarmos

a estas circunstâncias a projecção que a Garrett teriam dado também o ensaio *O Dia Vinte e Quatro de Agosto*, publicado no «ano I» da Liberdade com dedicatória «Ao Congresso Nacional», e as suas intervenções enérgicas, pouco após, na Sociedade Literária Patriótica, de que se tornara membro para ajudar a sustentar o regime novo, logo a sofrer de instabilidade (particularmente notória fora a *Oração Fúnebre* à memória de Fernandes Tomás, que pronunciara em 27 de Novembro de 1822 e saíra no Jornal da agremiação), compreendemos que em 1823, perante a rebelião da Vilafrancada (27 de Maio) capitaneada pelo Infante D. Miguel[10] – movimento que traduzia a força da oposição ao liberalismo, integrada na «ordem» reaccionária que então dominava na Europa da Santa Aliança presidida pela Áustria de Metternich –, o jovem escritor sentisse a necessidade de buscar asilo, com muitos outros liberais, em Inglaterra e França.

Falávamos há pouco do vulto de militante constitucional ousado e pertinaz obtido por Garrett com as suas actuações e as suas obras. O que nele pareceria mais subversor aos que sustentavam a ordem-velha seria com certeza o «naturalismo» proclamado sob facetas várias, mas todas abalando, com provocatório excesso, os esteios da sociedade tradicional. Retomando princípios da filosofia das «Luzes», então devorada até à «indigestão» (como dirá o Escritor mais tarde[11]), Garrett assentava efectivamente na veneração da «Natureza» – ou seja, do mundo físico e moral anterior à história, abstractamente visionado com um optimismo muito bebido em Rousseau – não só o culto do Homem, originariamente portador de uma razão e de uma consciência que guiavam ao bem e à verdade, mas também a crença no Direito que reclamava liberdade, igualdade e respeito mútuo e ainda a exaltação do prazer que pedia felicidade e rejeitava a dor. Corolário destas perspectivas luminosas era a reprovação

D. Miguel I, retrato, pintura de João Baptista
Ribeiro, c.1828, Museu Nacional de Soares
dos Reis

acerba do despotismo, que agrilhoava e distorcia o indivíduo, do fanatismo beato com ele unido, que atrofiava mentes e corações pelo medo do pecado, do obscurantismo que abafava a lucidez e toda a ousadia intelectual, da prepotência dos grandes, agarrados a privilégios e preconceitos. Para os incriminadores de *O Retrato de Vénus*, onde estavam, por exemplo, o ateísmo e a obscenidade que justificavam levar Garrett a tribunal? Em chamar o Poeta à Natureza, personificada em Vénus, «doce mãe do Universo» (não era, diziam, negar Deus e o seu acto criador?) e na evocação do corpo nu da deusa, exibido aos pintores que ela convoca, na acção do poema, para que realizem um retrato destinado a Adónis, seu amante. Com galhardia, observa Garrett na sua auto-defesa, com belas palavras que mais deviam acentuar o materialismo que lhe atribuíam, por tanto falarem em ciência, aliando os planos físico e moral:

« *Eu não conheço na Natureza senão duas forças, a da atracção e a da repulsão. Por elas se equilibram os corpos, por elas gravitam. As moléculas minerais que no centro da terra se juntam por química afinidade, a atracção as une; o pólen que vai do pistilo ao estame fecundar a flor, e continuar a espécie da planta a que pertence, pela atracção a busca; o macho que procura a fêmea e maquinalmente prolifica, a atracção o levou a ela. Este instinto que nos impele a tudo quanto é prazer, que nos repele de quanto é dor, que é senão atracção e repulsão? Únicas forças do Universo, única potência da matéria, único móvel das cousas físicas e também das morais. Interesse lhe chamam os moralistas, afinidade os químicos, mineralogistas e físicos, instinto os zoologistas, mas todas estas espécies se compreendem num só género – atracção. Esta atracção, este princípio de vida que anima o Universo, esta força de reprodução constante que une e vivifica a grande cadeia dos seres e eleva de ente a ente o impulso da existência por uma série sem interrupção, este princípio eterno e invariável, eis aqui o que eu quis poeticamente explicar nos meus versos. Personifiquei-o em Vénus.* » [12]

E como se não assustariam absolutistas e até liberais moderados ao encontrarem, no ensaio comemorativo do primeiro aniversário do Vinte e Quatro de Agosto, a recomendação, dirigida aos Deputados do «Congresso Nacional» (rotulados de «Pais da Pátria», «homens sagrados»), de nos darem «uma Constituição pelo menos tão liberal como a espanhola»[13] e ao verem, em consonância, atribuídos à Nação os «direitos majestáticos» e reservado para o Rei o mero papel de «supremo magistrado», executor das vontades da nação[14]? Liam nestas afirmações uma identificação perigosa com a Constituição espanhola de Cádiz (1812), efectivo modelo das bases dessa Constituição de 1822 que o jovem poeta-ensaísta viria a apoiar, acusada de possuir uma índole republicana ao sustentar princípios como os da «soberania nacional» e da representação popular através de uma só câmara, constituída por deputados eleitos (exigindo-se, contudo, a presença dos três estados).

Se muito crítico da ordem-velha e por vezes com violência provocatória (como nos ataques ao orgulho fidalgo, à prepotência ultramontana e à estupidez fradesca), o jovem Garrett não era, porém, extremista. No apogeu do «santo furor»[15] do seu Vintismo, mantém um grande apego a Portugal, que desejava independente, ilustrado e enriquecido, concilia com a filantropia e o sensualismo das Luzes a fidelidade ao Deus-amor dos Evangelhos, amigo da Liberdade e dos pequenos, deseja a Monarquia constitucional, agregadora da Nação, confia no equilíbrio moral conseguido pela associação, julgada viável, de prazer e virtude; na sua esperança... e na sua ingenuidade, esperava que da liberdade triunfante renascesse o homem bom da Natureza, esse indivíduo de inteligência dinâmica e coração sensível, desejoso de felicidade só possível na moderação e no bem-estar colectivo[16].

A experiência encarregar-se-ia em breve de esmorecer esta euforia juvenil: o governo constitucional arrastava-se em discussões, o espírito de seita, o oportunismo, a busca de vingança alber-gavam-se lamentavelmente entre os que invo-cavam a Liberdade, os preconceitos e os privi-légios, de tão arreigados na decrépita sociedade portuguesa, levavam a maioria da população a refutar uma «ordem» mais racional e mais justa. Na Sociedade Literária Patriótica, Garrett pede com instante lucidez que não tardem reformas governativas – a da instrução parecia-lhe prio-ritária – que mostrassem ao País os benefícios do regime novo. Tinha razão: a força do ímpeto contra-revolucionário levava-o em 1823, como vimos, para o exílio.

Do arrojo militante desse jovem e do receio que por isso inspirava à polícia é significativo o rápido e triste desenlace de uma tentativa sua de regresso a Lisboa, cerca de um mês depois de ter deixado a Capital: trazendo cartas de políticos emigrados para outros que tinham permanecido no País (provavelmente ao serviço da preparação de um movimento que revigorasse o sistema cons-titucional), Garrett, que desembarca em Lisboa a 23 de Agosto, é intimado pela polícia, logo a 25, a regressar a Inglaterra no paquete «Duque de Kent», ali fundeado, após ser provavelmente compelido a passar breves mas dolorosas horas no Limoeiro: no *Diário da minha viagem a Inglaterra*, anota efectivamente a 24 de Agosto: «Eis-me aqui, pois, nos calabouços do Limoeiro»[17]; e uma ode do Livro III da *Lírica de João Mínimo*, datada de "Lisboa – Agosto, 1823" e portadora do título «O cárcere», traduz a revolta de se ver equiparado a criminosos e o horror do contacto com o ambiente prisional[18].

Só retorna a Lisboa em 1826, quando a súbita morte de D. João VI (10 de Março) e a outorga da Carta Constitucional ao País, em 29 de Abril, pelo seu primogénito, o Infante D. Pedro (feita a partir do Brasil, de que se tornara Imperador), alteram as circunstâncias portuguesas. Volta com crenças políticas idênticas, mas todavia outro, trabalhado

no seu mundo interior pelos horizontes culturais descobertos em Inglaterra e em França, por sofri-mentos que tinham posto tons novos nas vibra-ções do seu coração, por perspectivas que tinham matizado as razões da sua inteligência. Começara, em suma, a conversão romântica de Garrett, bem visível nos poemas lírico-narrativos que em 1825 e 1826 dá a lume em Paris – *Camões* e *D. Branca*, respectivamente –, já portadores de metamorfoses temáticas e formais que marcam o surgir de um rumo novo na nossa cultura e na nossa expressão literária.

Entrara em crise o «naturalismo» eufórico da sua juventude, esse que o fazia pensar o mundo e o homem «in abstracto», à luz de grandes ideais que atentavam pouco nas meandrosas realidades *concretas* forjadas pelas circunstâncias. Ainda em 1823, mas já em Birmingham, elucidado pelo fracasso vintista e pela extensão da oposição contra-revolucionária, aponta significativamente num caderno de *memoranda*: «a uma nação velha e mal habituada, será crasso erro de política, se havendo de reformar as circunstâncias e formas de sua constituição *de facto*, a chegassem demasiado à natureza»[19]. Por isso fala da *impraticabilidade* da Constituição de 1822 no nosso País, com desi-gualdades sociais tão sedimentadas e tão grande preponderância de um Trono e de um Altar aferrados a práticas e medos ancestrais; por isso lamenta, no ensaio *Da Europa e da América e de sua Mútua Influência na Causa da Civilização e da Liberdade*, surgido em Março de 1826 no jornal *O Popular* (nº XIX), publicado em Londres[20], que o Vintismo, resultante de um pronunciamento militar, não tivesse sabido interessar pela Liberdade a massa da população («falharam os homens nos meios e modos de sua aplicação», escreve), por isso acolhe pouco depois a Carta Constitucional com espe-rança pressurosa, convicto de que este código, emanado da realeza e não da vontade popular que tantos temiam, seria fautor de equilíbrio social e

D. Pedro IV e Dona Maria da Glória jurando
a Carta Constitucional, litografia, Domingos
António de Sequeira, 1826, Museu Nacional
de Arte Antiga

de concórdia, já que mantinha as posições fundamentais do liberalismo, mas aumentava o poder régio e lisonjeava a aristocracia (estabelecendo, por exemplo, que a representação nacional se fizesse através de duas Câmaras, a dos Deputados, electiva e temporária, e a dos Pares, de nomeação régia e hereditária). Esta contemporização com a «realidade» comportava ainda a desilusão que a Garrett tinham causado quer posições antinacionalistas ou de sanguinário extremismo que vira sustentadas por alguns exilados (havia quem falasse nas vantagens da união ibérica e na necessidade de exterminar os poderosos), quer as tergiversações de outros, cujo liberalismo enfraquecia em face do absolutismo dominante. Tais descobertas e as que, em si próprio e à sua volta, lhe mostravam quantas flutuações, fraquezas, excessos, aspirações vagas ou impossíveis alberga o homem, levam Garrett a trocar o optimismo que pusera na celebração da grandeza da criatura saída impoluta das mãos de Deus e regenerável da degradação em que caíra através da força salvífica da Liberdade, por acentos elegíacos que evocam as dores fatais que esperam, num mundo mal feito, o poeta sonhador de beleza, amor e glória pátria (como Camões), ou a pequenez do ente paradoxal, «insecto de um só dia», miserável e sublime – o homem –, como diz o narrador de *D. Branca* (canto II, estrofe 2). Byron, Lamartine, Shakespeare (relido com outros olhos) ajudam-no a apreender melhor a complexidade do mundo interior e a necessidade de modular mais flexuosamente o estilo para a dizer; e à saudade da terra portuguesa, com a sua afectividade e as suas cores, vêm juntar-se outras leituras que lhe incentivam o desejo de conhecer melhor a nossa identidade e de nela encontrar apoio para conseguir, como escritor, uma expressão mais pessoal, liberta da sujeição a velhas regras[21]. É sintomático que datem deste primeiro exílio quer o início da compilação do nosso *Romanceiro*, quer a elaboração do

Bosquejo da História da Poesia e da Língua Portuguesa, publicado em Paris, em 1826, como introdução a uma antologia da nossa produção poética, o *Parnaso Lusitano*, em cuja organização participara.

Outorgada a Carta, eis Garrett, pois, de volta a Portugal[22], disposto a dar-se por inteiro, cheio de energia, à defesa do novo código, que começava a sua vigência de modo bem precário. A grande massa do País, que temia o retorno do Constitucionalismo mesmo nesta feição moderada, punha efectivamente em causa a legitimidade do Infante D. Pedro para outorgar a Carta (D. Isabel Maria, sua irmã, era Regente do Reino, por vontade de D. João VI, desde a morte do Monarca): se o Infante primogénito se tornara Imperador do Brasil, como poderia ser Rei de Portugal? A Coroa cabia a D. Miguel... Para serenar e reunir os ânimos, D. Pedro entra em tentativas conciliatórias, geradoras, porém, de ambiguidades propícias a acicatarem perigosamente a inquietação pública: abdica do trono português na sua jovem filha Maria da Glória (a futura D. Maria II), sob a condição de ela vir a desposar, quando núbil (tinha então sete anos), esse tio D. Miguel que, exilado em Viena desde a Abrilada (1824), poderia regressar ao País e assumir mesmo a sua regência desde que, previamente, jurasse fidelidade à Carta. Em Julho de 1827, tem esse juramento lugar na capital austríaca, centro do absolutismo europeu; e, após o regresso do Infante, acolhido com entusiasmo em Lisboa, é solenemente repetido na capital a 26 de Fevereiro de 1828: D. Miguel tornava-se, pois, Regente do Reino, com a promessa de cumprimento integral das disposições de seu irmão. Tão claros sinais se vinham, porém, manifestando de que o retorno de quem fora o caudilho da reacção traria o regresso da ordem antiga e duras perseguições aos seus adversários, que muitos destes nem esperam, para de novo buscarem refúgio no estrangeiro, a concretização do que temiam – a usurpação do Trono por D. Miguel, em Julho de 1828, sustentada na súplica que lhe tinham dirigido os representantes dos três Estados reunidos nas Cortes extraordinárias por ele convocadas havia um mês. Quanto a Garrett, já sabemos que volta a partir para Inglaterra no início de Junho; e só regressará ao País em 1832, integrado nos «bravos» que desembarcam com D. Pedro no Mindelo, vindos dos Açores, para defenderem a causa liberal.

Os dois escassos anos desta primeira vigência da Carta são, pois, um período tumultuoso em que Garrett, assumindo plenamente o papel de intelectual-cidadão, põe de parte a criação literária para desenvolver uma corajosa luta em prol do esclarecimento da opinião pública, tentando conduzi-la ao apoio das causas que reputava esteios de um Portugal pacífico e progressivo. Ainda no ano de 1826, escreve a *Carta de Guia para Eleitores em que se trata da Opinião Pública* e cria, com os cinco amigos mencionados no início deste texto, esse diário, *O Português*, iniciado em 30 de Outubro[23], que os leva ao Limoeiro em Setembro de 1827; a 4 de Março deste ano, 1827, lança um hebdomadário – *O Cronista*, portador do subtítulo *Semanário de Política, Literatura, Ciências e Artes*[24] – de que é praticamente redactor único (os textos, anónimos, são escritos na 1ª pessoa), destinado a uma vida bem curta, já que cessa de moto-próprio logo em 14 de Agosto (um pouco antes de *O Português*), explicando desassombradamente as razões da decisão:

«*Não cabendo nas forças do redactor do* Cronista *contrastar os obstáculos invencíveis que se opõem à publicação dele, e tendo de optar entre a sua consciência e a absoluta supressão deste semanário, não hesitou na escolha. Ele declara e protesta perante o público (...) que nem o*

O primeiro número de *O Portuguez*,
Biblioteca Geral da Universidade de Coimbra

temor nem respeitos humanos de nenhuma espécie o fazem abandonar o campo em um momento em que a luta se trava mais decisiva, em que a realeza e a liberdade legítimas estão talvez no último e mais decisivo ataque das forças inimigas. (...)

Vejo porém já agora que o meu empenho e meus esforços de nada podem servir; as dificuldades da censura avultam de dia a dia; os perigos de escrever redobram; não me desanimara isso: mas desanima-me a inutilidade de escrever. E nem ainda assim me impedira isso de fazê-lo; mas os obstáculos da censura têm crescido de tal modo, que não é possível escrever. Não basta cortar, é necessário substituir ainda às palavras e aos pensamentos do escritor as palavras e as ideias que manda o censor.

Não há homem de bem que queira escrever assim.» [25]

Ambos os jornais, num clima carregado de ameaças absolutistas, se debatiam efectivamente com uma censura apertada, dada a coragem com que analisavam a contemporaneidade. *O Português*, com o subtítulo *Diário Político, Literário e Comercial*, precedera, como vimos, *O Cronista* em cerca de quatro meses, sinal de que o semanário, mais exclusivamente garrettiano, se queria diferente. E era-o, de facto, desde a aparência exterior, com números de cerca de 30 páginas em formato pequeno, que tornam semelhantes a livros os dois volumes que a totalidade perfaz; *O Português* tinha, ao invés, formato grande, com páginas que apresentavam as três colunas que levaram um atrabiliário inimigo, José Agostinho de Macedo, a dar-lhe o apodo de «lençol de três ramos» nas *Cartas a Joaquim José Pedro Lopes* (1827) Ao jornalismo praticado pelas duas publicações, idêntico nos princípios, presidiam objectivos também distintos: o diário tinha uma finalidade mais informativa; o semanário, como acentua o interessante «Prospecto» que antecede o primeiro número, pretendia, com o ritmo mais espaçado da sua publicação, estimular a leitura lenta e reflexiva, preenchendo com tal perfil uma das «muitas lacunas» da nossa imprensa. Para preencher esse objectivo, diz ainda o «Prospecto» que *O Cronista*, significativamente publicado aos domingos, dia de lazer, teria duas partes: a primeira ofereceria uma «crónica analítica da semana», isto é – esclarece –, «um resumo pensado e reflectido de todas as notícias do interior e exterior» que tivessem ocorrido, a que se seguiria «um artigo, ou memória breve sobre o mais transcendente objecto de política, economia, jurisprudência, ou administração», que na semana se tivesse «agitado ou encetado»; a segunda parte, mais multifacetada, conteria «análises de novas publicações e objectos literários de toda a espécie», bem como «memórias e notícias científicas» da mais variada natureza, para as quais seria pedida colaboração idónea. *O Cronista* assemelhava-se, pois, a uma «revista» no seu desejo de alargar a capacidade pensante e os conhecimentos do público, sendo um antecessor de tão ilustres vindouros como *O Panorama*, de 1837, ou a *Revista Universal Lisbonense*, de 1841, verdadeiras «instituições» do nosso Romantismo.

O hebdomadário, se bem acolhido – pelo menos, o artigo de despedida fala do «lisonjeiro favor» com que o público o tinha «honrado» –, não obteve, contudo, o largo eco de *O Português*, lançado em moldes quase industriais, novos para nós, que os Redactores tinham conhecido no estrangeiro, durante o exílio: como se lê no «Prospecto» que também precede o número inicial do diário, a sua publicação, anunciada como a do primeiro «verdadeiro jornal» português, era assegurada por «uma sociedade de homens de letras, jurisconsultos e negociantes» criada expressamente para tal fim, sociedade que se dizia possuidora de «um largo fundo» capaz de «satisfazer todas as consideráveis despesas do estabelecimento»:

tipografia própria – onde se imprimia também *O Cronista* –, taquígrafos para anotação das sessões das duas Câmaras estabelecidas pela Carta, mais de cem empregados e «correspondentes hábeis» nas «principais terras das províncias», no Brasil e em «algumas cortes estrangeiras», recepção de «todos os jornais estrangeiros acreditados, tanto da Europa como da América»[26]. Sobretudo noticioso, mas oferecendo também artigos de reflexão e de crítica teatral (estes com toda a certeza de Garrett, os outros de autoria sua pelo menos frequente[27], *O Português* chegou a tiragens de dois mil exemplares, tornando-se – como salienta Gomes de Amorim[28] – o centro do «partido constitucional» e merecendo o aplauso de conhecidos órgãos da imprensa inglesa e francesa pela moderação e rigor que o norteavam[29]; inicialmente, até a Regente, D. Isabel Maria, olhou com benevolência o jornal, permitindo que tivesse um censor privativo (mais tarde retirado) que tornasse viável o seu aparecimento quotidiano. Ainda segundo o biógrafo de Garrett – e terá razão –, *O Cronista* era mais ousado na análise das «coisas públicas», pois o Escritor, sendo nele redactor único, expunha as suas posições com mais desassombro, sem o receio, que tinha n'*O Português*, «de levar os seus colegas mais longe do que desejassem ir»[30]. Estas circunstâncias – e outras que adiante esclareceremos – explicam que Garrett tenha sentido a necessidade, como já vimos, de pôr termo ao semanário antes de chegar *O Português* ao seu triste fim, mas que tenha sido o quotidiano, com o largo eco obtido entre o público, a levar à prisão os redactores.

Moderação, rigor e também cuidada linguagem eram propósitos comuns aos dois jornais, plenamente conscientes do papel da imprensa na formação da «opinião pública», cuja importância o liberalismo vinha sublinhando na sua atenção à vontade popular. Como dizia *O Português*, provavelmente pela mão de Garrett[31], um periódico pode tornar-se «um bem ou um mal segundo o espírito com que é redigido»; querendo o Escritor e os seus amigos que os empreendimentos jornalísticos que lançavam fossem um «bem», dedicam-nos, pois, à educação dessa «rainha tutelar do mundo» (assim chama Garrett à «opinião pública" na *Carta de Guia para Eleitores*[32]) segundo o «espírito» que consideravam o da razão mesma, tomadas em conta a conjuntura do País e a experiência colhida até então: o espírito que animava a prudência da Carta, ao dar resposta às grandes reivindicações liberais, mas alterando os princípios e práticas do vintismo que maior rejeição tinham causado porque julgados fautores de convulsões sociais temíveis. Em face da contestação reaccionária crescente, apostada em recusar a legitimidade de D. Pedro IV, pôr em causa a bondade e boa-fé do regime por ele proposto e discutir os moldes da sua abdicação da Coroa portuguesa, *O Português* e *O Cronista* entram com denodo na liça da argumentação, indo da análise circunstanciada dos eventos, com corajosa denúncia de estratégias perversas e movimentações armadas, à explicação da própria arquitectura da monarquia constitucional[33]. Luta árdua, essa, que deixa penetrar no âmago de um momento-chave do nosso devir histórico e que ilumina o vulto intelectual de Garrett em todo o seu percurso posterior (vem a falecer em 1854) pelas posições ideológicas assumidas, pelas reflexões dedicadas ao evoluir social português, pelas considerações de natureza cultural e literária.

Acentuemos a acusação que os dois jornais fazem do «espírito de sistema» – cujos efeitos prejudiciais o fracasso do vintismo podia provar, pois impusera princípios bons em si mas inadequados à sociedade portuguesa – e do seu parente, mais feio ainda, o «espírito de facção» ou de «partido», que campeava nas vésperas do triunfo miguelista. À negatividade destas duas formas de espírito contrapõem a positividade do «espírito público», ou seja, daquele que procura, com sentido de reali-

dade e disposição abnegada, sondar pela análise a índole e as urgências da colectividade nacional. Deixa Garrett bem claro, n'*O Português*, em texto que reproduz passos da *Carta de Guia para Eleitores*, que estavam na «classe ilustrada da nação» os sustentáculos desse «espírito público», incompreendido pela «estupidez da massa ignorante». Definindo consentaneamente, na referida *Carta* (...), o perfil idóneo do deputado, Garrett atribuía-lhe o «amor desinteressado da causa pública», o «amor da liberdade legal, prudente e moderada», a «religião sem fanatismo», a «inteligência sobretudo das nossas cousas, e não só de estrangeirices e modernices afectadas», o «saber bom e útil», e, acima de tudo, «honra, probidade e inteireza de carácter»[34]; a completar esta indicação, enunciava o rol das más atitudes que deviam conduzir à rejeição da elegibilidade: «nada de homens que mudam com as circunstâncias», «nada de exaltados em matéria nenhuma», «nem ignorantes, nem sabichões que só sabem dos seus livros», «nada de *afidalgados*, desta gente que se envergonha da classe em que nasceu, e quer ser nobre por força»; dava ainda importantes conselhos adicionais: limitar os elegíveis aos «produtores de toda a espécie», recusando o «homem que não tem profissão, nem exerce emprego» – membro inútil do Estado –, e apoiar o voto censitário a partir de um limite mínimo, comentando a propósito:

«Em iguais circunstâncias, o homem mais rico deve ser preferido, porque é mais independente, e quando essa qualidade se junta a outras, dá-lhe realce e valia maior.»

Vê-se bem a partir destes textos que o pensamento político de Garrett (e o dos seus amigos) não se identificava – nem virá posteriormente a identificar-se, como ressalta da sua actuação parlamentar desde o final do decénio de 30 ou de criações ficcionais como o drama *O Alfageme de Santarém* – com um constitucionalismo basista; e que o seu liberalismo moderado, invocador

do «centro» e glorificador do trabalho, tanto desconsiderava os privilegiados, se inúteis fossem para o Estado, como os que nada possuem, pelo receio de tenderem para a degradação moral, tornando-se dependentes e nefastamente manobráveis: na sociedade reestruturada pela liberdade que se desenhava no seu espírito, a boa alavanca estava na tal «classe ilustrada da nação», *intelligentsia* operosa e abonada; estava, em suma, na classe média, provinda, como diz *O Português*[35], do comércio e das riquezas, constituída por «uma porção numerosa de homens fortes, instruídos e opulentos», interessados na solidificação do liberalismo «ordeiro» porque assegurava ao cidadão o direito de propriedade e o desenvolvimento das suas energias. Lê-se no nº XII de *O Cronista*:

«*(...) os proprietários e os negociantes são por toda a parte as pessoas mais adictas às novas instituições (...)*»

O Limoeiro, gravura [primeiro quartel do séc. XIX], in *The mirror of literature*

«*É realmente tanta a conexão entre a riqueza e a inteligência na massa do povo e a liberdade na constituição do governo, que se pode olhar a uma como a bitola ou o barómetro da outra, e que o caminho mais seguro de inspirar a todo o povo amor à liberdade é dirigir todo o nosso afinco à civilização geral do seu entendimento e ao estabelecimento daqueles hábitos de indústria que conduzem à riqueza e à independência.*»[36]

Se *O Português* e *O Cronista*, defendendo, como vemos, posições moderadas plenamente concordantes com a Carta Constitucional oficialmente vigente, se tornaram tão malquistos dos clãs reaccionários, tê-lo-ão devido ao vigor posto na explicação das grandes causas liberais e, sobretudo, à denodada análise das circunstâncias que se desenrolavam, com denúncia de manobras que anunciavam a preparação, mais ou menos camuflada, do triunfo miguelista. Na exposição da doutrina liberal, os dois jornais elogiavam, como dissemos, a classe trabalhadora como a única que operava a favor do crescimento do País[37], defendiam como projecto prioritário da regeneração nacional o incremento da instrução (porque desenvolveria a classe média em que punham toda a esperança, tornando-a industriosa, criadora de riqueza e amante das novas instituições), acusavam o clero ignorante, esquecido do Evangelho, sustentavam a separação dos poderes (legislativo, executivo e judicial); e analisando o contexto português, apontavam acusadoramente a infiltração, no próprio Governo, de elementos reaccionários a acicatarem-lhe a inércia ou a promoverem, junto à fronteira espanhola, movimentações suspeitas de militares e civis contestatários do regime cartista, como se estivesse a preparar-se uma invasão do País com apoio do absolutismo europeu. Em artigos julgados sem dúvida muito «perigosos», *O Cronista* comentava com insistência se haveria paz ou guerra (acentuando a iminência desta), ou dilucidava os subterfúgios que se tornavam frequentes, escrevendo, por exemplo, com intenção, em artigo consagrado aos *Sofismas do Poder*, de Jeremias Bentham:

7º Sofisma – Esperemos; não é tempo ainda. Tal é o argumento favorito daqueles que, ainda que são contrários a uma medida, não o querem parecer; advogam pela retardação e votam in pectore pela rejeição definitiva, como aqueles defensores de má fé que de incidentes em incidentes, de demandas em demandas esperam arruinar os adversários e desarmá-los à força de demoras. Provocar a dilação de um remédio é manifestar o voto de que jamais se aplique.[38]

Entre as denúncias, feitas pelos dois periódicos, das ambiguidades políticas de então, a que de mais perto levou à sua *morte* e à prisão dos redactores de *O Português* terá sido a forma como noticiaram e comentaram as movimentações populares conhecidas por «Archotadas» (porque tiveram lugar de noite, à luz de archotes) que se deram em Lisboa,

mas se estenderam depois a outras cidades, entre 24 e 27 de Julho de 1827, em protesto contra a demissão do então general Saldanha, cartista convicto, da pasta da Guerra. *O Cronista* (nº 22) relata que muita gente, magoada com esse afastamento de mau agouro, se juntou dando vivas a D. Pedro IV, ao ex-ministro e às instituições liberais, enquanto muitos outros lançavam «os gritos sediciosos e blasfemos de *morra a Carta, morra D. Pedro IV*», com o apoio de sacerdotes, como o ex-prior do Barreiro, que declamava «em alta voz nos lugares públicos que era chegado o momento de se destruir a Carta, que o general Saldanha fora demitido por ser constitucional, e que ia começar a perseguição contra todos os que eram da mesma opinião e sentimentos»; daí a exaltação dos ânimos, com os liberais a entrarem em desordem – que o jornal censura, aliás, embora a compreenda – ao verificarem que, tendo alguns soldados levado esse padre «rebelde» ao domicílio de um «magistrado da polícia», este o «mandara embora»: a conclusão tirada era a de que a autoridade parecia «conspirada contra seu Rei e contra a liberdade», conclusão que eventos posteriores tinham arreigado quando, continuando o povo «nos vivas a El-Rei e à Carta» sem que a tropa reprimisse os cidadãos – parecia antes apoiá-los –, subitamente se tinha lançado sobre eles, desarmados, o general Conde de Vila Flor e outros oficiais, ferindo alguns. Comenta Garrett, indignado, no *Cronista*:

«Não é possível deixar de desaprovar altamente este procedimento irreflectido e imoderado [o dos manifestantes liberais]; mas é sobretudo imoral e indigno o dizer-se aos soldados: "Fora com esta canalha, caiam sobre esses marotos". – Não era canalha a que estava ali reunida, era gente mal dirigida, mas gente quase toda decente, de todas as classes, menos da baixa plebe, gente que pode ser repreendida mas não insultada, castigada mas não desonrada. Ninguém se faz respeitado sem respeitar; não se faz sentir a ilegitimidade de um procedimento por um modo imoral que dá armas ao repreendido (embora justamente) contra o repressor.

Autógrafo do poema «Tronco Despido»,
publicado por Almeida Garrett
no Livro I de *Flores sem Fruto*
que, com o título «Cantiga», se encontra
no espólio literário de Garrett, Biblioteca
Geral da Universidade de Coimbra

Deste erro veio não se retirar o povo pacificamente, deste injusto proceder veio resistir ele, lançar pedras sobre os soldados, e retirar-se enfim vencido, mas não convencido.» [39]

Seguiu-se, nos dias seguintes, a prisão de várias pessoas, acusadas de haverem participado no «alvoroto». E não tardou, como sabemos, a de Garrett e dos seus companheiros, que tinham concitado contra si a sanha violenta dos antagonistas. Ouçamos José Agostinho de Macedo relatar a seu modo as «Archotadas» e a actuação do «nauseante papel chamado *O Português*[40]» na nona das suas *Cartas a J.J. P. Lopes*:

«Assim que a Sereníssima Senhora Infanta Regente julgou conveniente ao Serviço do Estado demitir o Ministro da Guerra, logo ao toque da trombeta da Revolução Democrática se ajuntou um montão da ralé da plebe, ou populaça, instrumentos materiais, comprados e passivos de cabeças amotinadoras, que viram proporcionar-se-lhes o meio de darem o primeiro passo para o premeditado Republicanismo, e que se arrogam o direito de querer dar Leis ao Governo. Nada mais foi preciso: os Engajadores de recrutas revolucionárias fazem desfilar pela esplanada das praças públicas estes batalhões amotinadores, e a 24 de Julho, para corresponder ao 24 de Agosto, se levantou o primeiro grito desta plebeia revolução; e Lisboa em tantos séculos de existência nunca viu uma cena semelhante. Ouvem-se duas vozes, ambas sagradas e tremendas: – Viva o Senhor D. Pedro IV, Viva a Carta! Ajunta-se-lhe outra disparatada e indigna de entrar nesta linha suprema – Viva o Saldanha – Ministro demitido, e neste estado um vassalo particular; e com uma rebelião formal, com uma desobediência sacrílega, contra as ordens de El-Rei representado aqui pela Senhora Regente a Sereníssima Infanta D. Isabel Maria, gritam – Queremos o Saldanha ministro da Guerra, esta é a nossa suprema vontade! Não se respeite o respeitabilíssimo Magistrado da Polícia, ataque-se o seu domicílio por tão vil canalha, e por seus ainda mais vis condutores e assopradores, que eram os mesmos que em a noite de 17 de Novembro de 1820 conduziram com archotes ao Rossio Manuel Fernandes. E que diz a isto, e com que verdade

conta isto o Português *de 26 de Julho? Tenho horror de o dizer!! Chama* Nação *a um bando miserável de rapazes descalços e vadios esfrangalhados, e diz que a Nação desaprovava a demissão do Ministro, e que com o direito próprio da Nação pedia se reintegrasse o Ministro. [...] E a verdade com que narram este facto revoltoso? A verdade é aquela com que costumam falar, filha da probidade e integridade a que se chama perversidade. Não falam nem dizem uma só palavra dos insultos feitos ao domicílio do Intendente, dos* morras *que misturavam aos* vivas, *quando os assopradores e condutores designavam as pessoas que na revolução começada deviam suportar este golpe. Ainda a mais chega a perversidade dos do* Português *de 26. Têm a perversa e inaudita audácia de figurar tais atentados como sinal demonstrativo do desgosto do* Povo Português *pela demissão daquele Ministro!!! Do* Povo Português*!! [...]*

Parará aqui o desaforo? Ah! Que nem eu tenho expressões para patentear a Portugal e fazer chegar aos degraus do Trono o quadro de tanta perversidade! Atribuem os tumultos e as desordens àqueles mesmos e aos próprios a quem a canalha assalariada por três continuadas noites andou insultando, e sobre quem fazia ressoar o grito espantoso – morra –*. Leiam-se e eternamente se meditem em Portugal e na Europa as suas palavras:*

"Mas os audacíssimos fautores da rebelião, os inimigos de El-Rei e das suas instituições, que julgaram ser chegado o momento de romper, e amotinar, disfarçadamente lançaram seus emissários pela cidade a promover a sedição."

Pode haver perversidade maior?»[41]

Do acolhimento favorável que colheu junto das autoridades esta versão sobre a má fé de O *Português* dá prova, como já sabemos, a prisão dos seus redactores no Limoeiro (outros periódicos liberais que a pena de Agostinho de Macedo alvejava[42] também sofreram, aliás, retaliações); mas que, após três meses de reclusão, tenham saído em liberdade, sem julgamento, quererá dizer que a força da argumentação desenvolvida pelos inculpados nas exposições que apresentaram em sua defesa terá acabado por convencer da sua inocência,

com a ajuda, é certo, de alguns amigos poderosos, que Garrett recorda na *Autobiografia* anónima que publicou em 1843, no tomo III de *Universo Pitoresco* («os Senhores ex-ministro Guerreiro *&* desembargador Palha»)[43] ; talvez O *Português* tivesse até podido permanecer vivo, não fora o acumular de eventos que trouxe até ao País D. Miguel.

A desilusão de Garrett era grande, como tão bem mostra o poema «Tronco despido»; mas por quantas mais viria o Escritor a passar ainda! A história iria mostrar-lhe, depois da definitiva vitória liberal em 1834, quanto optimismo ingénuo albergavam as suas convicções do tempo de O *Português* e de O *Cronista*, confiantes no crescimento da classe média e na aliança entre riqueza e liberdade; nos anos de 1845-1846, em pleno cabralismo, escondido no narrador irónico de *Viagens na minha Terra*, Garrett, sempre defensor da conciliação e do «centro», mas tendo visto essa classe média, ascendendo, revelar temível voracidade e dar azo ao «barão» («usurariamente revolucionário, e revolucionariamente usurário»[44]), pergunta aos economistas políticos se já tinham calculado «quantas almas» era preciso «dar ao Diabo» para fazer um rico[45], fala do «status in statu» que sempre se forma na sociedade quer se comece com frades, com barões ou com pedreiros-livres[46], e identifica a história do mundo com a fábula grotesca do Castelo do Chucherumelo: «Aqui está o cão que mordeu no gato, que matou o rato, que roeu a corda, etc., etc.: vai sempre assim seguindo»[47]. Concórdia, justiça, pureza, luz, só em Deus as sonhava por fim:

Creio em ti, Deus: a fé viva
De minha alma a ti se eleva.
És: – o que és não sei. (...)
Beleza és tu, luz és tu,
Verdade és tu só. Não creio
Senão em ti; o olho nu
Do homem não vê na terra
Mais que a dúvida, a incerteza,
A forma que engana e erra.[48]

NOTAS

[1] No manuscrito 122 do espólio de Garrett pertencente à Biblioteca Geral da Universidade de Coimbra, encontra-se um autógrafo deste poema, com o título de «Cantiga» e portador da data de 3 de Fevereiro de 1828 (cf. *Inventário do Espólio Literário de Garrett*, por Henrique de Campos Ferreira Lima, Coimbra, Publicações da Biblioteca Geral da Universidade, 1948; passarei a designar este trabalho por *Inventário...* e a Biblioteca da Universidade pela sigla B.G.U.C.).

[2] A família de Garrett buscara refúgio na Terceira, em 1809, contra a invasão de Soult (de lá era natural o pai do Escritor). Ao tio-bispo, que presidiu à formação juvenil do Escritor, dediquei o estudo *D. Frei Alexandre da Sagrada Família. A sua Espiritualidade e a sua Poética*, Coimbra, «Acta Universitatis Conimbrigensis», 1974.

[3] A edição das *Obras Completas* de Garrett que utilizaremos como referência habitual será a que, em dois grandes volumes, levou a cabo, em 1904, Teófilo Braga (Lisboa, Empresa da História de Portugal). Citá-la-emos pelas iniciais *O. C.*, seguidas da indicação de volume e páginas.

[4] Integradas posteriormente em *Lírica de João Mínimo* (1ªed., Londres, 1829; 2ª ed., Lisboa, 1853).

[5] Garrett não publicou este pequeno poema, conservado manuscrito no espólio da B.G.U.C. até vir a lume em 1968 (Lisboa, Portugália), em edição preparada e prefaciada por Augusto da Costa Dias.

[6] Paródia de *Os Salteadores* de Schiller, este drama manteve-se inédito no mesmo espólio até ser publicado, com uma introdução, por Ofélia Paiva Monteiro (separata do vol. 3º da *Revista de História Literária de Portugal*, Coimbra, 1974).

[7] Este pequeno poema herói-cómico manteve-se inédito no espólio da B.G.U.C. até ser integrado, em 1985, no volume de *Poesias Dispersas* de Garrett (Lisboa, Ed. Estampa), com organização, prefácio e notas de Augusto da Costa Dias, Maria Helena da Costa Dias e Luís Augusto da Costa Dias.

[8] Assim se auto-designa Garrett na nota A (ode «À Pátria» do Livro I no I da 2ª edição da *Lírica de João Mínimo*.

[9] *O Retrato de Vénus* foi reeditado, com as peças da polémica que suscitou e uma introdução, em volume preparado por Maria Antonieta Salgado (Lisboa,

Imprensa Nacional-Casa da Moeda, Col. «Temas Portugueses», 1983).

[10] O Infante obedecia a um plano conspirador, favorecido pela Rainha D.Carlota Joaquina, que continuou a dar azo a sublevações, de que a principal foi, em 30 de Abril de 1824, a chamada «Abrilada», que levou D. João VI (durante algum tempo sequestrado) a determinar o exílio de D. Miguel e o afastamento do País da Rainha; mas essas medidas não acalmaram a forte oposição contra-revolucionária, que determinou D. João VI a entrar em tentativas conciliadoras.

[11] Veja-se o prefácio de 1841 a *Mérope*, tragédia da juventude coimbrã que Garrett só publicou nesse ano, juntamente com *Um Auto de Gil Vicente* (O.C., I, p. 588).

[12] «Processo do Retrato de Vénus. Defesa de Garrett no tribunal» (O. C., II, pp. 387-388).

[13] *O Dia Vinte e Quatro de Agosto* (O. C., II, p. 505, nota 1).

[14] Ibid., p. 507.

[15] A expressão ocorre na dedicatória «Aos Leitores» de *O Dia Vinte e Quatro de Agosto* (O.C., II, p. 505).

[16] Remetemos para o capítulo V («O 'santo furor' de um humanismo naturista») do vol. I do nosso estudo *A For-maçã o de Almeida Garrett. Experiência e Criação*, Coimbra, Centro de Estudos Românicos, 1971.

[17] *O.C.*, II, p. 476.

[18] *O.C.*, I, p. 92. Gomes de Amorim, o grande biógrafo de Garrett, duvida um pouco desta sua detenção no Limoeiro. Os documentos policiais que utiliza provam que Garrett desembarcara em Lisboa a 23 de Agosto, que a polícia tivera pelo menos a intenção de o recolher na cadeia e que decidira finalmente reenviá-lo para Inglaterra a 25 de Agosto, a bordo do citado paquete (*Garrett. Memórias Biográficas*, tomo I, Lisboa, Imprensa Nacional, 1881, pp. 297-305).

[19] O texto encontra-se no manuscrito 122 (*Memorandum – Estudos – Leituras – Cartões de Poeta, de Moralista*) do espólio da B. G. U. C. Está publicado no vol. 6 – *Obra Política. Escritos do Vintismo (1820-23)* –, com fixação de textos, prefácios e notas de Augusto da Costa Dias, Maria Helena da Costa Dias e Luís Augusto da Costa Dias, das *Obras Completas* de Almeida Garrett (Editorial Estampa, 1985, pp. 289-298).

[20] Este ensaio está inserido no vol. 7 – *Obra Política. Doutrinação da Sociedade Liberal (1824-27)* –, com fixação de textos, prefácios e notas de Maria Helena da Costa Dias, Helena Carvalhão Buescu, Luís Augusto da Costa Dias e João Carlos Faria, das *Obras Completas* de Almeida Garrett (Editorial Estampa, 1991, pp. 67-122).

[21] Vejam-se os capítulos IX e X do vol. II do nosso trabalho citado, supra, na nota 16.

[22] Por decreto de 26 de Agosto de 1826, Garrett é readmitido no lugar, que tinha sido o seu, de oficial da Secretaria do Reino.

[23] No vol. 7 de *Obra Política. Doutrinação da Sociedade Liberal (1824-1827)*, citado na nota 18, estão inseridos os artigos de *O Português*, de carácter político, que os seus organizadores atribuem a Garrett.

[24] No vol. 8 de *Obra Política. Doutrinação da Sociedade Liberal (1827)*, com fixação de textos, prefácios e notas de Maria Helena da Costa Dias, Luís Augusto da Costa Dias e João Carlos Faria, da mesma colecção de *Obras Completas*, estão coligidos os artigos de *O Cronista*, com carácter político, que os seus organizadores atribuem a Garrett.

[25] *O Cronista*, vol. II, 1827, pp. 239-243 (vol. 8 da ed. citada, pp. 273-276).

[26] Vol. 7 da ed. citada, pp.149-150.

[27] No «Prólogo» de *Portugal na Balança da Europa*, Garrett refere-se aos dois

jornais, *O Português* e *O Cronista*, dizendo que se «gloria» muito de os «haver fundado, e depois em máxima parte sustentado e dirigido» (*O.C.*, II, p. 528).

[28] F. Gomes de Amorim, Garrett. Memórias Biográficas, vol. I (Lisboa, 1881), p. 409.

[29] José Tengarrinha (*História da Imprensa Periódica Portuguesa*, Lisboa, Portugália Editora, 1965, pp. 94, 199) diz que, em 1827, *O Português* tinha 1500 assinaturas, enquanto o outro jornal liberal mais importante, *O Periódico dos Pobres*, «noticioso e político de feição cartista pura», chegava, no mesmo ano, a 5000, por ser vendido a um preço muito módico e ter um estilo mais acessível a leitores com pouca instrução. O inicial apoio do Poder a *O Português* mostra-se no facto de ter obtido da Infanta-Regente um censor privativo para que fosse cumprida a exigência de censura prévia em tempo compatível com o ritmo quotidiano do jornal; logo desde Abril de 1827, no clima de reacção que se fora instalando, teve, porém, dificuldades em

manter essa regalia necessária à sua sobrevivência. No espólio de Garrett da Biblioteca Geral da Universidade de Coimbra, o conjunto de manuscritos com o nº 129 (b) contém documentação relativa a estas questões e ao processo movido a *O Português* (publicada no vol. 7 da ed. cit. de *Obra Política – Doutrinação da Sociedade Liberal*).

[30] G. de Amorim, ibid., vol. I, pp. 414-415.

[31] Nº 194, 20-VI-1827 (ed. cit., p. 424).

[32] *O. C.*, I, p.520.

[33] Assim faz *O Cronista*, no seu nº 23, ao recensear uma obra francesa sobre o assunto, considerada «excelente», que integrava judiciosas considerações sobre a questão, fulcral então para o País, da transmissão dos direitos do trono e das regências. Dir-se-ia, diz o jornal, ser um comentário da Carta. Veja-se também, no nº 9 do jornal, o artigo «Da actual Regência de Portugal».

[34] Garrett, *Obra Política (...)* , ed. cit., vol. 7, pp. 138-139.

[35] Nº 222 (23-VII-1827), ed. cit., vol. 7, pp. 447-448.

[36] Ed. cit., vol. 8, p. 142.

[37] Veja-se, por ex., n'*O Português*, nº 222, a exaltação da classe média e da instrução, a acusação da ignorância e do fanatismo (ed. cit., vol. 7, pp. 447-452).

[38] *O Cronista*, nº 19 (ed. cit., vol. 8, p. 224).

[39] Nº 22, ed. cit., vol. 8, pp. 251-252.

[40] A expressão encontra-se no início da *Carta 10ª* de J. Agostinho de Macedo a J.J.P. Lopes.

[41] *Carta IX*, 3 de Agosto de 1827, pp. 7-9.

[42] A *Carta 16ª* a J.J.P.Lopes diz, por exemplo, ao terminar: «Deus vos guarde e vos defenda do *Português*, do *Velho Liberal*, da *Gazeta Constitucional*, do *Imparcial*, da *Borboleta*, dos *Pobres*, em uma palavra, de ladrões, que com a pena têm roubado o sossego a esta Nação, que eu com a pena defenderei [...]». Os dois últimos títulos remetem para a *Borboleta Constitucional* e o *Periódico dos Pobres*.

[43] *O.C.*, I, p. XLIII.

[44] *Viagens* (…), cap. XIII.

[45] *Ibid.*, sumário e texto do cap. III.

[46] *Ibid.*, cap. XIII.

[47] *Ibid.*, cap. XIII.

[48] «Ignoto Deo», in *Folhas Caídas*.

ÍNDICE DE ILUSTRAÇÕES

AGRADECIMENTOS

MINISTÉRIO DO AMBIENTE, DO ORDENAMENTO DO TERRITÓRIO E DO DESENVOLVIMENTO REGIONAL
Instituto Geográfico Português

MINISTÉRIO DA CULTURA (MC)
Biblioteca Nacional (BN)
Centro Português de Fotografia/ Arquivo de Fotografia de Lisboa
Instituto dos Arquivos Nacionais/ Torre do Tombo (IAN/TT)
Instituto Português de Museus/ Divisão de Documentação Fotográfica (IPM/DDF)
Instituto Português do Património Arquitectónico(IPPAR)/Biblioteca da Ajuda

CÂMARA MUNICIPAL DE CASCAIS
Museu Condes de Castro Guimarães

CÂMARA MUNICIPAL DE LISBOA (CML)
Arquivo Municipal de Lisboa/ Arquivo Fotográfico
Arquivo Municipal de Lisboa/ Arquivo Histórico
Gabinete de Estudos Olisiponenses
Hemeroteca Municipal de Lisboa (HML)
Museu da Cidade
Direcção Municipal de Planeamento Urbano/Departamento de Informação Geográfica e Cadastro (DMPU/DIGC)

BIBLIOTECA GERAL DA UNIVERSIDADE DE COIMBRA

BIBLIOTECA DA UNIVERSIDADE DE LEIDEN

CENTRO DE ESTUDOS BOCAGEANOS

Pintora Ana Rosmaninho

Júlio Manuel Valente Rosa Beatriz

Luís Tavares Ribeiro

Maria Cândida Aires Campos

Maria da Conceição Jesus Roberto Girão

O CENTRO DE ESTUDOS JUDICIÁRIOS E O LIMOEIRO
foi composto em caracteres Baskerville de John Baskerville (1750)
e Scala Sans de Martin Majoor (1993) e acabou
de se imprimir na Gráfica de Coimbra
no mês de Abril
de 2007